여자는 늘 어딘가가 아프다

ONNA WA ITSUMO DOKKA GA ITAI
by Atsuko YAMAZAKI, Rinko TORII
© 2025 Atsuko YAMAZAKI, Rinko TORII
All rights reserved.
Original Japanese edition published by SHOGAKUKAN.
Korean translation rights in Korea arranged with SHOGAKUKAN
through THE SAKAI AGENCY and DANNY HONG AGENCY.

이 책의 한국어판 저작권은 대니홍 에이전시를 통한 저작권사와의 독점 계약으로
마인드빌딩에 있습니다.
저작권법에 의해 한국 내에서 보호를 받는 저작물이므로 무단전재와 복제를 금합니다.

여자는 늘 어딘가가 아프다

야마자키 아쓰코
도리이 린코 지음
원선미 옮김

컨디션 난조에서 벗어나
몸과 마음이 건강해지는 법

마인드빌딩

두 종류의 여자가 있습니다. 평소 컨디션 난조를 잘 느끼지 못하는 여자와 늘 컨디션 난조를 달고 사는 여자. 혹시 당신은 '늘 어딘가가 아픈 여자'이지는 않나요?

저 역시 그렇습니다.

28년 동안 침구사로 일하며 7만 명의 몸과 마음을 살펴 왔습니다.

너무 열심히 살다가 자율신경의 균형을 무너뜨리고 말았던 과거도 있습니다. 그래요. 당신도 저도 분류상으로는 '컨디션 난조를 겪기 쉬운 여자'에 해당할지도 모르겠네요.

이 나라에서 여자로 산다는 건 꽤 힘듭니다.

 미혼·기혼에 관계없이 '여자답게', '여자가', '여자로서'와 같은 '상식'에 얽매여 본래의 자신을 잃게 되는 답답함.

가사도 육아도 일도 간병도 제대로 해내는 게 당연.

 나 자신을 드러내면 부정당하고, 인생을 새롭게 살아보려 해도 그 두 번째 기회는 절망적이기만 합니다.
 몸이 이렇게 안 좋은데 가족에게조차 이해받지 못하고, 그런 상태로 하루하루를 보내며 궁지에 몰린 여성들이 오늘도 저를 찾아오고 있습니다.

"다 알아요. 한 사람으로서는 훌륭한 걸요. 하지만 조금 더 스스로를 돌보지 않으면 괴로워지기만 할 거예요. 앞으로는 조금씩 자신을 신경 써 보도록 해요."

환자에게 이런 말을 하면서 아마 저 자신에게도 들려주고 있는 게 아닌가 하는 생각이 듭니다. 우리는 그만큼이나 약한 존재인 걸요……

몸과 마음의 '습관'을 알아차리고, 열심히 할 때와 쉴 때 각각 당신에게 맞는 리듬을 찾아 나가 봅시다.

시작하며

야마자키 아쓰코

안녕하세요. 침구사 야마자키 아쓰코입니다. 이래저래 28년간 침구사로 일해 왔습니다.

학창 시절에는 자나 깨나 농구공과 함께하며 실업팀 입단을 꿈꿨습니다. 하지만 연습을 하던 중 큰 부상을 입는 바람에 농구 선수 대신 또 하나의 꿈이었던 중학교 교사가 되었습니다. 염원을 이뤄 교사가 된 것까지는 좋았는데, 제가 부임한 학교는 교내 폭력의 바람이 휘몰아치는 학교였습니다. 이상과 현실 사이의 갭에 당황하기는 했지만, '사람을 직접 대하는 일인 만큼 제대로 마주하자'라는 생각으로 그곳에서 5년 정도 저 나름대로 몸을 갈아 넣으며 일했습니다.

하지만 그 스트레스가 원인이 되어 과호흡을 일으켰고, 원래부터 가지고 있던 부정맥도 악화되었습니다. 만성적인 피로감을 느끼는 일이 빈번해졌습니다. 지금 생각해 보면, 당시 너무 열심히 하는 바람에 자율신경의 밸런스를 무너뜨려 몸과 마음이 상태가 나빠진 것이 아닐까 싶습니다.

저는 고등학교에서 농구부로 활동했을 때부터 침구원에서 부상 치료를 받곤 했는데, 교사가 된 이후에도 학창 시절 얻은 부상의 재활을 위해 쭉 침구원에 다니고 있었습니다. 침구원은 운동선수에게는 친숙한 장소입니다. 스트레스 완화에도 침구 치료가 효과적이라는 사실을 알고 있었던 것도 교사 생활을 하면서도 계속 침구 치료를 받았던 이유입니다.

그렇게 치료를 받으면서 조금씩이나마 몸속에서 에너지가 솟아나는 듯한 느낌이 들기 시작했고, 새삼스레 '침구, 대단하네!' 하고 감동했던 기억이 납니다.

그러는 동안에 침구사 역시 교사와 마찬가지로 '사람을 직접 대하는 일'이면서, 동시에 '다른 사람에게 도움을 주는 일'이라는 사실을 깨달았습니다. 곧 진지하게 '이 분야를 제대로 파 보고 싶다!'라는 생각을 하게 되었지요. 그다음은 교사를 그만두고 다시 침구 학교에 입학하는 스토리로 이어집니다.

그 후 연이 닿아 프로 스포츠 트레이너라는 직업을 갖게 되었는데, 그즈음부터 자율신경실조증으로 힘들어하는 사람들에게 도움이 되고 싶다는 생각이 강해졌고, 그렇게 독립해서 침구원을 개원

했습니다. 자율신경실조증으로 고민하는 여성의 피난처가 없음을 깨달았기 때문입니다.

프로 스포츠 선수의 트레이너도 보람 있는 멋진 일이지만 내가 아니라도 할 사람은 있다, 하지만 여성에게는 역시 여성의 몸에 대해 잘 아는 여성 침구사가 필요하다,라고 생각한 것입니다.

이러저러해서 고민을 안고 찾아오는 사람들을 매일 꾸준히 시술해 오다 보니, 지금까지 총 7만 명의 환자를 만났습니다. 남성들도 물론 많이 찾아오는데, 여성과 남성은 낫는 방법 하나도 정말 다르구나, 하는 것이 그동안 느낀 바입니다.

역시 여성은 내장 기관이 복잡한 데다가 매달 호르몬의 영향을 끊임없이 받기 때문에 고장나기 쉬운 생물이라고 생각합니다. 이 영향으로 여성에게는 다양한 통증이나 컨디션 난조가 찾아오는데, 심지어 이러한 고통은 여성의 인생 대부분을 뒤덮고 있다는 사실.

여기에 이 나라에서 여자로 산다는 건 좀처럼 쉽지 않다고 하는 현실까지 더해집니다. 미혼·기혼에 관계없이 '여자답게', '여지가', '여자로서' 등의 '상식'에 스스로 얽매여 본래의 자신을 잃게 되는 답답함을 느끼는 여성이 많다는 게 현실이지요.

게다가 가사도 육아도 일도 간병도 제대로 해내는 게 당연하게 여겨집니다. 나 자신을 드러내면 부정당하고, 인생을 새롭게 살아보려 해도 그 두 번째 기회는 절망적입니다. 그런 상황에서 몸이 이렇게 안 좋은데 가족에게조차 이해받지 못하고, 그렇게 하루하루를 보내며 궁지에 내몰리는 여성들이 오늘도 저를 찾아옵니다.

"괴로워하는 여성들을 위한 책을 내고 싶으니, 힘을 빌려주세요!"라고 말해 준, 이 책의 필자 도리이 린코 씨도 그중 한 명입니다. 린코 씨도 오랫동안 계속 무리를 거듭해 왔는데, 그저 기력 하나만 가지고 열심히 해 온 터라 신경은 상당히 지쳐 있는 듯한 모습이었습니다.

역시 갱년기가 심하게 오는 사람은 성실하고 책임감이 강한, 좋은 의미에서 고전적인 가정교육을 받은 여성이 많다는 생각이 듭니다. 하지만 자칫하면 자기희생으로 치닫게 되어 '적당한 정도'를 놓쳐 버리고 맙니다.

성격을 고친다는 것이 좀처럼 쉽지 않음을 알기에 저는 늘 "알아요. 그런 '성향'이죠. 한 사람으로서는 훌륭한 걸요. 하지만 조금 더 자신을 위해 주지 않으면 괴로워지기만 할 테니, 그 부분만 조금씩 신경 써 보도록 해요"라고 환자에게 말합니다. 이 말은 어쩌면 저 자신에게도 들려주고 있는 말이 아닌가 싶어요. 우리는 그만큼이나 약한 존재니까요.

갱년기는 여성 호르몬이 점점 줄어들면서 자율신경의 밸런스가 무너져 가기 때문에 다양한 증상으로 고민하게 되는 연령대입니다. 그런데요, 사고가 혼란스러워지는 것은 어쩔 수 없는 일이니 그렇다 치고, 그럼 어느 정도 흔들렸더라도 거기에 좌지우지되지 않는 몸과 마음을 만들면 됩니다. 왜냐하면 지금까지의 행동과 사고의 습관이 자신을 만들었기 때문입니다.

자율신경실조증으로 인한 몸의 컨디션 난조는 진짜 원인이 무엇인지 그 '깨달음'을 얻기 위한 것입니다. 몸과 마음의 상태가 좋아지면 자기 자신을 되찾고, 자신의 길을 걸어갈 수 있습니다.

이 책 속에 그 힌트를 가득 담았습니다.
'자율신경계의 이상은 약에 의존하지 말고 스스로 치료하자!' 라는 마음으로 시도해 봤으면 합니다.

서문

도리이 린코

이 책을 선택해 주셔서 감사합니다. 도리이 린코라고 합니다. 올해 환갑인 글쟁이입니다. 오랫동안 컨디션 난조로 힘들어하고 있습니다. 늘 몸 어딘가가 아픕니다.

젊었을 때부터 이미 그랬지만, 세월은 순식간에 흘러 마흔다섯을 통과할 무렵부터 점점 컨디션 난조에 시달리기 시작했습니다. 아침에 눈을 뜰 때부터 벌써 아픕니다. 관자놀이가 아프고, 눈도 아프고. 그럭저럭 두통을 길들이는 데 성공하는 날이 있으면, 약 신세를 져 봐도 '이 몸은 도저히 쓸 수 있는 상황이 아니다' 싶은 날도 있었습니다.

나이 오십을 넘어서자, 원래부터 힘들었던 생리는 대량 출혈이라는 형태로 '최후의 임무'에 걸맞게 힘을 쏟고, 이래저래 배며 허리며 곳곳에서 통증을 만들어 내고, 땀은 멈추지 않고, 기분은 최악. 만약 '쁘띠 통증 자랑대회'가 열린다면 상위 입상은 따 놓은 당상이라고 생각하던 매일이었습니다.

물론 그럴 때마다 이 증상을 어떻게든 해 주지

않을까 싶은 병원으로 달려갔지만, 대부분은 이런 식의 진단 결과를 받았습니다.

"음. 특별히 나쁜 곳은 없는 것 같으니, 약 먹고 지켜봅시다!"

이건 정말이지 아주 기뻐할 만한 결과인데, 이 이상 뭘 바랄까 싶지요. 아무렇지 않게 생활할 수 있다, 움직일 수 있고, 먹을 수 있고. 이것만으로도 충분히 감지덕지할 일이지요. 감사할 일이기는 하지만, 저는 '와~!? 오늘은 아무 데도 안 아파!!' 하는 날을 애타게 기다리고 있었습니다.

그러는 사이 긴 간병 끝에 부모님 두 분을 보내드렸고, 아이는 독립했고, 남편은 정년을 맞이했습니다. 그리고 폐경. '아이고, 모든 게 다 일단락!' 하고 생각할 참이었습니다.

전 세계가 영문을 알 수 없는 바이러스로 뒤흔들리기 시작했을 무렵, 저에게는 혈압 급상승이라는 증상이 닥쳐왔습니다. 어느 날 갑자기 머리로 피가 확 쏠리는 듯한 느낌이 들면서 뭐라 표현할 수 없는 가슴의 울렁거림을 느꼈습니다. 혈압을 재보니 그 시점에 180을 돌파, 그길로 근처 개인병원을 찾아갔습니다. 저는 의사에게 이렇게 말했습니다.

"선생님! 구급차를 불러야겠어요!"

의사는 "왜 구급차를 부르고 싶은 거예요?" 하고 냉정하게 물었습니다.

"아니, 쓰러질 것 같아서……."

"있잖아요, 진짜 쓰러질 때는 그런 생각을 할 새도 없이 쓰러져요. 쓰러지지 않았으니 괜찮은 거예요. 자, 다음 환자!"라는 말을 들었고, 혈액검사를 한 후에 앞으로 혈압 수첩을 적으라는 지시를 받고 돌아왔습니다. 그리고 나중에 그 수첩을 들고 다시 찾아갔더니 이번에는 의사가 이렇게 말했습니다.

"이거 말이죠, 환자 분, 자율신경실조증이네요! 스쿼트도 하고, 전문가를 찾아가서 마사지 받으세요. 침구원에 가는 게 좋을 수도 있겠네요. 자, 다음 환자."

어? 방금 익숙지 않은 전문용어가 등장하지 않았나?

'자율신경실조증!? 어라~? 이 뭔지 모를 기분 나쁜 증상이라는 게, 그거!?'

서문이 너무 길어져서 죄송합니다.

이것이 저와 이 책의 저자인 야마자키 아스코 선생님이 처음 만나게 된 계기입니다.

당시 저에게 '침구'라는 것은 먼 존재여서 지식은 거의 없었습니다. 하지만 어쨌든 괴로운, 글을 쓰는 사람임에도 불구하고 말로 딱 설명할 수 없는 이 기분 나쁜 증상을 한시라도 빨리 어떻게든 하고 싶다는 생각밖에 없었습니다. 그래서 선생님을 찾아가게 된 것입니다.

"괜찮아요! 그럴 나이이기도 하고, 조금 피로가 쌓인 것뿐이에요. 나을 수 있으니까 걱정할 필요 없어요"라는 말을 들었을 때, 엄청난 안도감을 느꼈던 기억이 납니다. 사실 혈압도 점점 떨어졌고, 컨디션도 비참하지는 않을 정도까지는 되었습니다.(그렇게 되자 다시 건강에 신경 쓰지 않는 생활을 하기 시작했고, 선생님에게 울며 매달리는 일을 반복한, 저는 바보입니다…….)

시술 중에 선생님은 "자율신경실조증은 증상이 괴롭기는 해도 병은 아니니까", "극도의 피로니까 생활을 바꿔 봅시다", "몸과 마음이 하는 소리를 들어주세요", "그런 사고가 독이 쌓이는 원인일지 몰라요", "자신을 최우선으로 하는 게 좋아요" 등의 말로 저를 계속 격려해 주었습니다. 선생님의 그 말들은 마치 '갱년기 장애 취급설명서' 같았습니다.

그리고 선생님은 이렇게 말했습니다.

"여자는 늘, 어딘가가 아픈 법. 당신 탓이 아니에요!"

'내 탓이 아니었어…….' 시술대 위에서 저는 눈물을 참으며 동시에 이렇게 생각했습니다.

'이 이야기를, 이런 이유도 모르는 증상으로 괴로워하는 여성들에게 전해야만 해!'라고요.

저 역시 지금도 여전히 갱년기의 잔향으로 힘들어하고 있지만, 계속 선생님을 찾아가서 그 사고방식의 노하우를 최대한 받아 적었습니다. 그 결과물이 바로 이 책입니다.

이 책에 '어떻게든 힘들어하는 여성들이 편해질 수 있는 실마리가 되었으면' 하는 바람을 담아 봅니다. 도움이 될 수 있다면 정말 정말 행복할 것 같습니다.

목차

시작하며 야마자키 아쓰코 … 8
서문 도리이 린코 … 13

1장
센스 있는 사람 역할에서 내려오는 레슨

1. 갱년기의 험난한 파도를 정면으로 맞지 말라 … 24
아프고 괴롭다 → 바둥바둥 → 텅 빈 달관, 이걸로 OK

2. 그거, 갱년기가 심하게 오는 여자의 특징 … 30
당신은 모두에게 샐러드를 덜어 주는 타입?

3. 여자는 사소한 말 한마디에 동요되는 생물 … 36
평소에는 의식하지 않지만 혈류, 정말 중요해!

4. 도라에몽의 4차원 주머니처럼…… … 44
짐을 잔뜩 짊어진 보부상 여자가 살아갈 길

5. 귀여운 '그래도·하지만·어차피' 여자들에게 … 50
나쁜 점패로 미래를 채우는 일은 그만두자

6. 남자와 여자는 평행선 … 58
가진 무기도 근력도 다른 남자의 말은 '바람자루'

칼럼 1 여자는 늘 어딘가가 차다 … 42
몸이 냉한 여자는 거들 금지

칼럼 2 여자는 늘 어딘가가 뻐근하다 … 56
결림의 방치가 마병을 부른다

2장

누군가의 언짢음을
떠안는 걸 그만두는 레슨

7. 된장국을 흘리기도 전에 꾸중을 듣고……	66
늘 '착한 아이'에서 이제는 졸업해도 된다	
8. 사람은 원래 부정적인 생물	72
불안이나 공포와 싸우지 않고, 지체 없이 항복하는 방법도 있다	
9. 불안은 그 수를 세게 되는 법이지만……	78
도가 지나친 걱정은 몸을 굳게 해서 결림을 초래한다	
10. 모든 것을 '자기 일'로 생각하지 말지어다!	86
타인의 감정까지 떠안을 필요는 없다	
11. 몸과 마음은 하나로 움직인다	94
컨디션 난조는 지나치게 애쓰고 있다는 사인임을 알아야	
12. 수면 부족이 나쁘다는 건 알지만……	100
나홀로 반성회의 밤은 깊어져 가고	
칼럼 3 여자는 늘 어딘가가 답답하다	84
불안의 파도가 덮쳐왔다면	
칼럼 4 여자는 늘 어딘가가 찌뿌둥하다	92
'아침 샤워'로 스위치 온	

3장

불안에 마음을 빼앗기지 않는 레슨

13. 그 사람이 부러워서 견딜 수 없다? 106
연중무휴의 비교장치를 평생 달고 살 작정?

14. 디지털 디톡스 추천 112
요즘 같은 세상, 굳이 자연인이 되어 본다

15. 좋은 여자는 '과거 완료형' 120
참으니까 아프다. 한번 터트려 보면?

16. 이유를 알 수 없는 불안이 멈추지 않는다! 126
셀프 실황 중계는 사고의 정돈에 효과적

17. 한숨과 눈물은 몸에 좋다! 132
산소 결핍을 피하기 위한 '하아~' 감정 방출을 위한 '울기'

18. 어쨌든 쓰다듬어라! 140
'기분 좋다'의 감각을 얕보지 말라

칼럼 5 여자는 늘 위장이 안 좋다 118
캐주얼한 뜸으로 따뜻하게 하자

칼럼 6 여자는 늘 서 있는 방법이 서툴다 138
새우등처럼 굽은 허리, W의 비극

4장

나 자신을
우선시하는 레슨

19. 개찰구 앞에서 친구와 헤어질 때, 뒤를 돌아본다 or 돌아보지 않는다   146
어느 쪽이 맞고, 어느 쪽이 좋은 사람인가 하는 문제

20. 그 사람은 좋아할 수가 없는데, 그럼 안 돼?   152
애초에 그런 사고방식이 넌센스

21. 열심히 하는 건 좋지만   158
'적정대어의 법칙'으로 꺾이지 않는 내가 되자

22. 짜증이 났다면 영업 종료   166
'피곤하니까 자겠습니다. 이상' 하고 이불 속으로 GO

23. 바라는 건 있는 그대로의 나?   174
아니아니, '원하는 모습의 나'는 아닌지?

24. '왜? 왜? 어째서? 여자'   180
집착하지 마, 매여 있지 마, 몸이 하는 말을 들어!

칼럼 7 여자는 늘 허리가 아프다   164
바닥에 앉지 마, 다리 꼬지 마

칼럼 8 여자는 늘 스마트폰의 노예   172
'누워서 스마트폰'이 결림을 부른다

5장

캔 맥주 하나로
행복해지는 레슨

25. 자기 자신에게 '전력 겸손'은 필요 없다! 188
스스로를 응원하는 말, 의식해서 사용해 보자

26. 잘 떠드는 여자는 쾌유하기 쉽다? 194
졸기도 하고 푸념하기도 하면서 기분을 정리한다

27. 방법이 없음을 알고는 있지만…… 202
계속 피 흘리며 40년. 잘도 살아남았다!

28. 우리는 너무 달리고 있는 건지도? 208
하루 끝에는 '수고했어, 나 자신!'

칼럼 9 여자는 늘 림프액을 흐르게 하라 200
누르는 것은 NG, 쓰다듬는 거예요

칼럼 10 여자는 늘 다리를 떤다? 214
'굳이 움직이기'를 해 본다

번외편 아쓰코와 린코의 대담 216
마치며 223

1장

센스 있는 사람 역할에서 내려오는 레슨

1. 갱년기의 험난한 파도를 정면으로 맞지 말라

아프고 괴롭다 → 바둥바둥 → 텅 빈 달관, 이걸로 OK

의료쇼핑을
반복하는
환자들이 많지.
난 그것도
괜찮다고 생각해.

갱년기는 누구에게나 찾아오기 마련이지만, 실제로 '갱년기 장애'의 증상을 느끼게 되면 솔직히 힘듭니다. 그 괴로움과 고통에 대해서는 손바닥 보듯 훤해요. 왜냐하면 저 역시 한창 갱년기 증상을 겪는 중이거든요.

'동지여, 이 파도가 잔잔해질 때까지 어떻게든 견디며 기다려 보세!'라는 마음으로, 환자의 혈류를 좋아지게 하기 위해 저는 매일 고군분투하고 있습니다.

그래요. 갱년기 장애라는 파도가 있어요. 이 컨디션의 파도는 클 때도 있고, 작을 때도 있고, 그때그때 다릅니다. '같은 파도는 두 번 다시 오지 않는다'라는 말이 있는데, 몸의 컨디션도 마찬가지랍니다. 하루 중에도 눈이 핑핑 돌 만큼 변화하는 것이 오히려 일반적입니다. 조금 전까지 컨디션이 좋았는데, '어, 뭐지 이거? 나 왜 이러는 거지!?' 할 때도 실제로 많습니다.

그런 환자들의 경우 다들 병원에는 이미 다녀온 상태입니다. 대부분 여러 진료과를 넘나들고 있지요.

'정밀검사를 해 봐도 어디에도 이상은 없다'라는 건 다시 말해 위중한 병은 아니라는 말이니, 기뻐할 만한 결과이기는 합니다. 하지만 그렇다 한들 불쾌하게 느껴지는 증상이 사라지는 것도 아니다 보니, '어디가 안 좋은 거지?'라며 불안에 휩싸여 인터넷으로 정보 수집에 열중하는 사람이 많습니다.

현재 우리 침구원에서 치료를 받고 있는 사나에 씨(56세)는 수년 전 '심상치 않은 몸살기'를 느끼고 인터넷 검색을 하기 시작했습니다. 인터넷에서 정보를 찾아낸 사나에 씨는 '이건 분명 당뇨병이야!'라는 생각으로 근처 내과를 방문했지만 의사는 부정했습니다. 사람이란 참 희한하지요. 자신이 굳게 믿고 있던 바를 부정당하면, 예를 들어 그것이 전문가의 의견이라고 해도 반발을 하게 된다니까요.

사나에 씨도 '분명 심각한 병임이 틀림없어!'라고 굳게 믿으며 종합병원을 거쳐 대학병원까지 가서 정밀검사를 반복했지만, 역시 결과는 '병변 없음'. 의사는 "자율신경실조증이니 정신건강의학과에 가 보세요"라는 조언을 해 줬다고 합니다.

'내장의 병이 아니라면, 나, 마음의 병에 걸린 건가?'라는 생각에 사나에 씨는 오히려 우울해졌습니다.

사나에 씨처럼 의료쇼핑을 반복하는 환자가 많습니다.

그런데요, 저는 그래도 괜찮다고 생각합니다.

검사를 해 봐도 어디에도 문제가 없다고 하지만, 아무 일도 아니라는 말을 들으면 어째서인지 오히려 다른 병원에 또 가고 싶어지는 법이지요. 이것은 마음이 그렇게 하게 시키는, 일종의 '충동'입니다.

사람은 그 '충동'을 어느 정도 채우고 나면 그다음으로 뭔가 다른 해결법을 생각할 수 있게 되니까 괜찮습니다. **그 방법이 약이 될지, 침구가 될지, 마사지가 될지, 운동이 될지, 그건 사람에 따라 다 다르지만, 예를 들어 의료쇼핑을 계속 반복했더라도 '위중한 병'의 가능성을 지웠다면 회복으로 가는 주사위 게임판의 말은 분명 전진하고 있다고 할 수 있으니까요.**

만약 다음 스텝으로 침구 치료를 선택했다고 합시다.

자율신경실조증에 대한 침구 치료는 환자 자신이 '생명에 관계된 병이 아니라서 다행'이라고 납득한 후에 했을 때 치료 효과가 높아집니다. 그다음은 시술대 위에서 '힘을 빼고 누워 있으면 끝'이기 때문입니다.

자율신경의 주요 역할은 순환기(심장과 혈관)의 컨트롤. 즉 혈류의 조절입니다.

말하자면 혈류 저하 증상을 일으키고 있는 상태를 자율신경실조증이라고 할 수 있습니다.

자율신경은 교감신경과 부교감신경의 밸런스로 이루어져 있는데, 이 흐트러짐을 정비하고 몸 전체의 혈류를 개선해 나가는 것이 증상 완화에 효과적입니다.

따라서 혈류를 원활하게 하는 치료법인 침구는 갱년기 증상을 포함한 자율신경실조증에 힘을 발휘합니다.

단 찬물을 끼얹는 것 같지만, 침구 치료는 어디까지나 증상을 완화시키기 위한 방법에 지나지 않습니다. 첫 번째는 역시 '낫고 싶다!'라는 환자 본인의 마음가짐입니다. 그러기 위해서는 지금까지 혹사해 온 몸을 쉬게 하거나, 생활의 리듬을 재정비하는 것이 정말 중요하다고 할 수 있습니다.

여기서 저의 제안은 '어설프게 싸우지 않기'. '낫고 싶다'라는 마음과 상반되는 듯 보일지도 모르지만, '급할수록 돌아가라'입니다.

'아, 그렇구나. 이게 바로 'THE 갱년기'라는 녀석이구나. 어쩌겠어……' 하고 달관하는 겁니다. **'갱년기라는 파도가 찾아온 건가. 그렇다면 조금이라도 마음을 달랠 수 있는 뭔가를 해 볼까' 하는 방향으로 생각합시다.** 높은 파도를 정면으로 맞았다가는 익사하고 말 테니까요.

되도록 자신이 편안하다고 느끼는 상태를 만들 수 있도록 여러 가지를 시도해 보세요.

심호흡이나 음악 감상, 목욕, 아로마 테라피, 독서, 스트레칭……. 자기만의 방식으로 괜찮으니, 마음을 차분하게 하는 몇 가지 방법을 마련해 두면 증상도 어느 정도는 누그러지지 않을까요? 물론 증상이 심할 때는 침구 치료의 도움을 받는다는 선택지도 있습니다.

From Atsuko

> 갱년기는 큰 파도도 있고, 작은 파도도 있고,
> 원래 그런 거라 생각하며 바라볼 것

2. 그거, 갱년기가 심하게 오는 여자의 특징

당신은 모두에게 샐러드를 덜어 주는 타입?

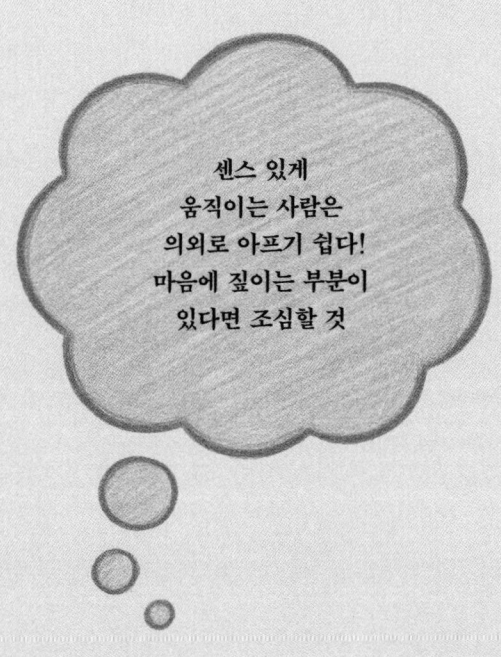

센스 있게
움직이는 사람은
의외로 아프기 쉽다!
마음에 짚이는 부분이
있다면 조심할 것

"의사에게 부정수소라는 말을 들었는데, 뭐가 잘못된 걸까요?"

환자들이 자주 하는 질문입니다.

'부정수소'란 막연한 컨디션 난조의 호소입니다. '머리가 무겁다', '몸살 기운이 있다', '짜증이 난다', '불면', '피부 가려움', '현기증', '두통', '변비', '설사', '손발 저림' 등등. 그 증상은 가게라도 열 수 있을 정도로 품목이 다양합니다.

환자는 다양한 증상을 호소하겠지만, 이게 또 병원을 찾아가도 "음, 특별히 안 좋은 질병은 없는 것 같은데"라는 진단을 받는 경우가 많아서, 반대로 말하면 원인이 발견되지 않아 치료가 어려운 상황이 되어 버립니다. 결과적으로 의사로부터 "신경 쓰지 마세요!", "좀 지켜보죠!"와 같은 말을 듣고 오히려 기분이 우울해지기도 하는, 참 어려운 증상입니다.

최근에는 자율신경실조증이라는 진단을 받거나, 경도의 우울증, 불안장애와 같은 정신 건강 문제의 가능성을 지적받는 경우도 있습니다.

또 '갱년기 장애'라는 진단이 내려지는 경우도 있겠지요.

갱년기는 사람의 일생에서 한 시기를 가리키는 것이어서 남성과 여성 모두에게 있습니다. 요컨대 '이른바 하나의 노화 현상'. 남녀 모두 호르몬의 감소로 호르몬 밸런스가 흐트러지면서 몸에 변화가 찾아옵니다. 이 변화가 심상치 않아서 불쾌한 증상을 불러일으키게 되지요.

갱년기에 나타나는 자율신경계의 부정수소를 갱년기 장애라고 합니다. 부정수소 〉자율신경실조증 〉갱년기 장애라고 생각하면 이해하기 쉬울지도 모릅니다.

이 갱년기 장애는 일반적으로는 여성에게 잘 나타나고, 특히 폐경 전후 5년간은 갱년기 증상을 느끼기 쉽다고 합니다. 하지만 이것은 어디까지나 일반론입니다. 전후 5년으로 끝나지 않고 60대를 맞이해서도 계속 힘들어하는 사람이 있으면, 풀full 갱년기라고 할 수 있을 정도로 30대부터 이 증상으로 괴로워하는 사람도 있으니까요. 물론 가벼운 증상으로 지나가는 사람도 있고, 일상생활도 마음대로 되지 않을 정도로 증상이 심각하게 나타나는 사람도 있습니다.

게다가 이걸 억누르면 또 저게 튀어나온다고 할 정도로 여러 증상에 휘둘리는 일이 흔해서, 그야말로 '두더지 잡기' 게임을 하는 모양새입니다.

확실히 '폐경'이 키워드가 되기는 하지만, 요점은 '인생 가지각색, 여자도 가지각색'이라는 사실입니다.

갱년기 장애는 '체질적인 요인', '스트레스 저항력', '그때 처한 환경' 등의 요소가 복잡하게 뒤얽혀 발현하는 증상입니다. 따라서 갱년기가 심하게 올지 어떨지는 '나타났을 때 승부'인 부분도 있습니다.

단 시술 경력 28년이라는 경험을 가진 제가 봤을 때, 갱년기 증상이 심하게 나타나는 사람에게는 두 가지 특징이 있는 듯합니다.

하나는 단순히 일을 너무 많이 하고, 지나치게 긴장하고, 너무 열심히 한다는 것.

직장 일도 집안일도 노는 것도 전력투구! 결과적으로 이런저런 일들로 계속해서 무리하고 있는 사람입니다.

열심히 하는 모습은 멋지지만, 애석하게도 사람이다 보니 점점 무리가 통하지 않게 됩니다. 어느 날 갑자기 연료가 떨어진 것처럼 힘을 낼 수 없는 날이 찾아올지도 모릅니다.

이는 몸이 보내는 경고로, 이 이상은 힘낼 수 없다는 사인입니다. 중요한 것은 푹 쉬고, 잘 먹고, 잘 자기.

그렇게 해서 회복된다면 몸에 에너지 충전 완료입니다. 요가든 근력 운동이든 산책이든 침구 치료든, 세상에 있는 다양한 방법 중에서 자신의 취향에 맞는 '몸에 좋은 것'을 생활에 도입해서 삶을 재정비하면 해결됩니다. 이쪽은 어떤 의미에서 회복은 빠릅니다.

다른 하나는 그 사람 개인의 체질이나 성격이 원인이 되는 케이스입니다. 스트레스를 받기 쉬운 섬세한 사람과 그 사람이 놓인 환경. 이 미묘한 싱크로로 인해 증상이 악화하는 경우가 있습니다.

여자는 '다른 사람을 보살피며 사는 역할'을 떠맡기 쉬운데, 갱년기 증상이 심하게 나타나는 여성은 높은 확률로 '자신을 돌보는 것보다 남을 돌보는 것'을 우선으로 합니다.

즉 '배려가 몸에 밴 사람'은 아플 확률이 높다는 말입니다. 이 경우에는 마음먹고 자신의 사고를 바꿔나가는 것이 유효한데, 그 전에 먼저 자신의 행동을 조금 들여다보면 효과적입니다.

예를 들어, 생각해 보면 당신은 '친구들 모임에서 큰 접시에 담겨 나오는 샐러드를 모두에게 덜어 주는 타입'이 되어 있지 않나요? 또는 '이 (큰 접시에 가득 담긴) 닭튀김에 레몬 뿌릴까?' 하고 사람들이 원하는 바를 이루어 주는 '좋은 사람'의 역할을 자처하고 있지는 않나요? 만약 그 역할에 대해 '뭐지……' 싶은 마음이 든다면, 신호등에 노란불이 들어온 상태입니다.

점심 모임의 총무 역할, 친구들과의 여행에서 가이드, 직장에서의 이런저런 잡무들, 가족의 픽업과 샌딩, 가사 전반, 부모님의 간병……. **이런 일들이 너무 좋아서 어쩔 줄 모르겠다면 말리지는 않겠지만, 아마도 당신은 떠맡고 있는 일이 너무 많은 데다가 지나치게 남을 배려하고 있는 겁니다.**

사람은 오랜 세월 몸에 밴 '자신의 역할'을 내려놓으려고 하면 불안을 느끼는 법이니 갑자기 그 역할에서 내려오라고는 하지 않겠습니다. **그런데 말이죠, 회복의 첫걸음은 '아! 나는 지금 너무 많은 걸 떠안고 있어' 하고 자각하는 것입니다.** 이 '깨달음'이 의외로 중요합니다.

컨디션 난조로 괴로울 때는 '나는 노력파'라고 스스로를 계속 칭찬하면서, 동시에 정신적인 피로를 일으키고 있지는 않은지 셀프 체크해 보세요.

> **From Atsuko**
>
> **갱년기 장애, 노력파일수록 저격당함.**

3. 여자는 사소한 말 한마디에 동요되는 생물

평소에는 의식하지 않지만 혈류, 정말 중요해!

혈류가 정체되면,
아무것도 아닌
사소한 말 한마디에
쉽게 동요되고 말아요.

갱년기는 여성 호르몬의 업다운이 특히 심해지는 시기입니다. 불안·초조하고, 기분은 축 처지고, 왠지 모르게 몸이 무겁게 느껴지는 증상이 나타나는 것이 오히려 일반적입니다.

부부 관계, 자녀, 부모, 일, 장래에 대한 막연한 불안……. 나를 둘러싸고 있는 환경에서 오는 압박감과 함께 지금껏 경험한 적 없는 몸의 변화를 느낍니다. 이러한 요소가 더욱더 불안을 부채질하기 때문에 어떤 의미에서는 증상이 나타나는 것이 당연하지요.

'앞으로 어떻게 되는 거지?', '이걸로 괜찮은 건가, 내 인생?' 하고 마음이 요동치는 나이이기도 합니다. 제 생각을 말하자면 '그런 시기일 뿐=괜찮아요. 괴로운 건 지금뿐이에요'이지만, 당사자 입장에서는 이 상태에서 한시라도 빨리 벗어나고 싶기 마련입니다.

또 이 시기에 많이 겪는 일이 다른 사람의 사소한 말 한마디나 별거 아닌 일에 느닷없이 마음이 꺾여 버리는 경우입니다. 남이 봤을 때는 '응? 설마 저 정도로?'라고 생각할 법한 사소한 말이 계기가 되곤 합니다.

"저, 역시 '우울증'인 걸까요?"라며 저를 찾아온

노리코 씨(당시 51세)도 그런 사람 중 하나였습니다. 계기는 직장 동료에게서 들은 "별일 아니야. 신경 쓰지 마!"라는 한 마디. 물론 동료가 나쁜 뜻으로 한 말은 전혀 아니었고, 오히려 그 반대였습니다. 일을 하다가 문제가 생긴 노리코 씨를 격려하려고 해 준 말이었고, 그건 노리코 씨도 충분히 알고 있었습니다. 하지만 그 말을 들었을 때 별안간 '다른 사람은 할 수 있는 일을 나는 제대로 못 하는 건가……'라는 생각이 들었고, 순간 어둠 속에 덩그러니 혼자 남겨진 듯한 고독감이 덮쳐 왔다는 이야기였습니다.

그날부터 식욕도 완전히 잃고, 일시적으로 휴직을 하기도 하는 등 힘들고 괴로운 터널을 들락날락하고 있던 노리코 씨.

우울감이 있을 때 사람은 틀림없이 혈류가 원활하지 않은 상태입니다. 즉 에너지가 떨어져 있기 때문에 어떤 일에 대한 대처는 고사하고 생활해 나갈 기력조차 없을 수밖에 없습니다. 그만큼 자신도 모르는 사이에 피로를 계속 쌓아 가고 있었다고 할 수 있는데, 피로가 누적되면 머리와 몸에 도는 혈액이 정체되고, 그 결과 평소라면 아무렇지도 않을 사소한 말 한마디에도 쉽게 흔들리게 되는 겁니다. 그런데 말이죠, 이와는 반대로 아무것도 아닌 일이

나 누군가의 사소한 말 한마디가 구원이 되어 단숨에 물 위로 다시 떠오르는 경우도 있으니, 사람이란 참 알 수 없지요.

노리코 씨의 경우 시간이 조금 걸리기는 했지만, 침구 치료를 통해 혈류가 개선되면서 안색도 점차 좋아졌습니다. 그러던 어느 날, 직장의 여자 후배가 옆으로 다가와 불쑥 이런 말을 했다고 합니다.

"노리코 씨가 함께 있는 것만으로도 뭔가 안심이 돼요."

"선생님, 저 있잖아요, 뭐랄까……그뿐이었는데요, '아, 나 괜찮을지도?' 하는 생각이 들면서 왠지 모르게 마음이 훅 편해졌어요. 참 이상하죠, 저?"

전혀 이상하지 않답니다. 정말 잘 됐어요. 환자들을 만나다 보면 이런 이야기를 많이 듣게 되는데, 환자들이 점점 건강해지는 모습을 볼 때마다 사람은 누구든 자기 회복력을 가지고 있구나, 하는 생각에 기쁜 마음이 들곤 합니다.

마음이 축 처질 때는 몸에 호소해 봅시다. 몸이 건강해지면 마음도 회복되고, 그다음으로 몸에 좋은 반응을 가지고 옵니다. 몸과 마음의 선순환이 이루어지게 되는 것입니다.

우선 온몸에 피가 잘 돌도록 하는 것부터 시작하면 좋습니다.

만약 스스로 혈류를 원활하게 하고 싶다면 이렇게 한번 해 보세요. 국민 체조를 하거나, 셀프 뜸(P.118 참조) 또는 입욕을 하는 거예요. 핵심은 가볍게라도 좋으니, 몸을 움직여서 데우기. 이게 기본입니다. 일하는 중이거나 해서 어려울 때는 먼저 호흡을 내뱉고(내뱉는 것이 먼저예요), 다 뱉었다면 다시 들이마시기를 몇 차례 반복해 주세요. 내 안에 있는 나쁜 기운은 뱉어내고 좋은 기운을 몸에 집어넣는 느낌으로요. '귀신은 밖으로! 복은 안으로!'(일본에서 입춘 전날인 세츠분節分에 가족의 건강과 복을 빌기 위해 콩을 뿌리며 외치는 말-옮긴이)처럼요.

'아, 어쩌면 살짝 불안한지도…!?'에서 '어쩌면'의 느낌이 들 때는 이러한 방법을 긴급 피난 수단으로 시도해 봅니다. '불안이 좀 사라진 것 같기도!?'의 '좀'의 감각을 중요하게 생각해 주세요.

노리코 씨를 만난 지 벌써 몇 해가 흘렀습니다. 말끔히 나은 노리코 씨는 이제 관리 차원에서 가끔 찾아오곤 하는데요, 한번은 이런 말을 했습니다.

"피트니스센터에서 선배 여사님들이 격려해 주신 부분도 컸던 것 같아요. '괜찮아! 지나가는 길이야. 지금은 괴로워도 터널을 빠져나가면 거긴 쾌청할 거야!'라고, 위 연배의 여성분들이 말씀해 주셨거든요.

지금은 정말 그 말대로라고 생각해요."

날이 밝아 오지 않는 밤은 없고, 출구 없는 터널은 없다는 말. 저 역시 진심으로 그렇게 생각합니다.

> From Atsuko
>
> 흔들려도 괜찮다, 위축돼도 괜찮다. 그도 그럴 것이,
> 누구나 다시 일어설 수 있는 힘을 가지고 있으니까.

칼럼 1 여자는 늘 어딘가가 차다

여성 환자들은 거의 다라고 해도 과언이 아닐 정도로 '몸이 냉한 여자'가 많습니다. 계절을 막론하고 몸이 차서 고생하는 여성들이 많다는 말입니다. '오~! 나만 그런 게 아니었나!?' 하고 안심할 때가 아닙니다. 말할 필요도 없이 냉증은 여성의 큰 적이기 때문입니다. '늘 그러니까!' 하고 방치해 두면 면역력이 떨어져서 각종 질병을 불러일으키기 쉬워지기 때문에 실은 상당히 '성가신 녀석'이 바로 '냉증'입니다.

원인은 주로 근육 부족, 자율신경의 혼란, 혈행 불량입니다. 근육량이 적으면 대사가 저하되어 열을 만들어 내는 힘이 약해집니다. 자율신경의 밸런스가 흐트러지면 체온 조절이 잘 이루어지지 않게 되지요. 혈행이 나빠지면 혈액이 몸 구석구석까지 전달되지 않습니다. 이러한 모든 요소가 냉증으로 이어지는 것입니다.

이에 대한 대책으로는 따뜻한 물로 느긋하게 목

욕을 하고, 끓인 물을 마시고, 뿌리채소류를 먹는 등 몸을 따뜻하게 하는 계열이 있고, 몸을 움직여서 근육을 단련해 혈행을 개선해 나가는 계열 등이 있는데, 저의 '일등' 추천 방법을 발표하겠습니다.

'컨디션 난조를 개선하고 싶다면, 거들을 입지 말라!'

천골(엉덩이뼈)의 압박에 의해 호흡이 옅어지기 때문입니다. 몸을 조이면 스스로 알아차리기는 어렵지만 산소가 몸에 골고루 미치지 못하게 됩니다.

이에 더해, 인간은 고정된 상태를 싫어하는 생물입니다. 고정화되면 내장을 포함해 몸은 딱딱하게 굳습니다. 역시 압박하는 것은 몸에 좋지 않겠지요. 따라서 보정 속옷은 오늘부터 금지입니다. 그 대신 면이나 실크로 된 복대나 따뜻한 소재의 보온 팬티를 입도록 합시다.

엉덩이가 찬 건 크게 문제없지만 배가 차다면 내장 냉증의 가능성이 높으니, 몸을 조이지 않도록 주의하면서 허리와 자궁 주변을 따뜻하게 해 주세요.

이것만으로도 분명 냉증이 한결 나아질 거예요.

몸이 냉한 여자는 거들 금지

4. 도라에몽의 4차원 주머니처럼……

짐을 잔뜩 짊어진 보부상 여자가 살아갈 길

무거운 가방으로 보는
서툰 삶의 방식에 대한
고찰.
그것은 무용인가
안심인가!?

우리 침구원에는 '불안 증상'을 호소하며 찾아오는 분들이 많습니다. 게다가 그들 중 대부분은 한 가지 이상의 불안 증상을 가지고 있습니다. **가슴 두근거림, 이유 모를 불안, 초조함, 무거운 몸 등 말로 잘 설명할 수는 없지만 무척이나 괴로운 증상들이 몸 안에서 동시다발적으로 나타납니다.**

카오루 씨(45세)도 그중 한 명이었습니다. 카오루 씨는 자신의 컨디션 난조, 일에 대한 고민, 부모님이 나이 들어가는 데 대한 공포 등 다양한 불안 요소를 가지고 있었는데, 또 한 가지, 언제든 계절과 관계없이 커다란 가방을 들고 다녔습니다.

'야반도주라도 하는 거야!?' 하고 오해할 정도입니다.

그래서 하루는 가방에 뭐가 들어 있는지 다 꺼내 보도록 했는데, 이런 식이었습니다.

빵빵하게 터질 듯한 장지갑, 테이블 위에 쌓을 수 있을 정도로 산더미 같은 포인트 카드들, 키 케이스, 휴대폰, 충전기, 충전용 케이블, 아이팟, 각종 상비약과 영양제, 반창고, 살균 스프레이, 예비 마스크, 물티슈, 티슈, 안약, 손수건, 수건, 콤 빗, 브러시 빗, 선크림, 데오드란트 스프레이, 안경, 노트, 수첩, 책, 우산, 목 캔디, 생리용품, 칫솔, 장바

구니, 립스틱·립글로스·파우더·휴대용 향수·손거울 등이 든 화장품 파우치, 페트병, 숄, 휴대용 선풍기, 갈아입을 속옷…… 이런 물건들이 가득 든 가방은 마치 바윗덩어리 같았습니다.

카오루 씨는 "선생님, 저 허리도 아프고, 어깨도 뭉치고, 어깨가 뭉치면 머리까지 아프고, 그렇게 여기저기 아파서 힘들어요……"라며 매번 '컨디션 난조 대방출' 상태인데, 그야 당연합니다. 이렇게 '보부상 여자'가 되어 있으니까요. 무거운 가방은 어깨결림과 요통의 천적입니다. 특히 무거운 가방을 늘 같은 쪽 손으로 들고 다니거나 같은 쪽 어깨로 메고 다니면 몸의 좌우 중 한쪽 근육이 혹사되어 굳어 버려 혈류가 악화됩니다. 그리고 그것은 곧바로 결림이나 통증을 불러옵니다. 무거운 짐일수록 밸런스를 생각해 좌우 번갈아 드는 것이 바람직합니다.

그도 그럴 것이, 우리 여성은 '연약'하니까요. 근육량이 적다 보니 무거운 것에 약할 수밖에 없는 구조입니다. 일상에서 하는 약간의 무리가 몸의 뒤틀림을 진행시킵니다.

한 조사 결과에 따르면 여성의 출퇴근 시 짐의 무게가 평균 2.2kg이나 된다고 하는데, 무거운 짐은 마음까지 무겁게 만들어 초조함의 원인이 된다고 합니다. 게다가 눈앞에 있는 행운이나 만남을 알아차리기 어렵게 만든다고도 해요.

무거운 짐이 몸 컨디션에 영향을 미칠 뿐만 아니라 좋은 운의 기운도 멀어지게 한다니……(눈물). 안타깝지만 시술을 해 오며 지켜본 바, 이 설은 맞는 것 같다는 생각이 듭니다.

왜냐하면 짐의 무게는 불안이나 걱정이라는 마음의 무게와 비례하기 때문입니다.

여성은 사실 '젓가락보다 무거운 물건은 들지 않는' 편이 몸과 마음에 좋을지 모릅니다.

일단은 이렇게 전문 침구사로서 그럴듯하게 말해 보기는 했는데, 현실적인 부분을 생각하면 '그건 알지만, 그렇게들 말하기는 하지만……' 싶지요. 무거운 짐을 들고 다니는 그 마음은 이해할 수 있으니까요. 숨길 필요도 없이, 바로 제가 그렇습니다. '어쩌면 필요할지도 몰라', '없으면 곤란할지도' 하는 마음. '만약의 경우를 대비해서'→'준비해 두면 걱정 없음'이라는 마음이 움직이다 보니, 정신을 차려 보면 제 짐도 꽤 무겁습니다.

네, 맞아요. 저도 보부상 여자입니다. 여자란 나이가 들수록 점점 더 짐이 무거워지지 않나요?

그건 아이가 태어나면서 지켜야 할 대상이 늘어난 점, 그리고 인생 경험이 쌓이면서 '이것도·저

것도' 하는 '리스크 관리'가 어느새 '습관'이 되어 버린 영향도 있다고 생각됩니다. 이러니저러니 해도 성인 여성의 가방이 빵빵해지는 건 어떤 의미에서 필연인지도 모릅니다.

해결 방법이라고 하면 '딱 적당한 짐의 양'을 탐색해 보는 것인데, 그때마다 새어 나오는 '혹시 그럴지도'라는 '불안'에 대처할 수 있는 힘을 길러야 합니다. 다시 말해 짐의 구조조정입니다. '없어도 어떻게든 된다'라는 마음의 '결론'이 효과적인데, 말은 참 쉽지요.

'야반도주 스타일'에 익숙해진 여자는 '보부상 가방' 쪽이 안심이 됩니다. 어떻게 보면 우리는 '도라에몽의 사차원 주머니'(도라에몽의 배에 붙어 있는 온갖 비밀 도구가 나오는 주머니-옮긴이) 같은 기능의 장비 가방을 들고 다니는 것과 마찬가지입니다. 뭐가 있든, 무슨 일이 일어나든, '오케이, 예상 범위 내! 이게 있어!' 하고 노진구라도 된 듯 나 자신을 구할 수 있는 걸요.

극단적으로 말하면 **'가방의 무게는 인생의 무게'** 입니다. 그렇다면 저는 이런 제안을 하겠습니다. '다 들고 다니세요!'

우리 같은 '보부상 여자'는 작은 핸드백 하나로 거리를 활보하는 여자를 힐끔거리며, '무슨 일이 있더

라도, 일단은 안심!'을 무기 삼아 오늘도 비틀비틀 걸어가면 되는 겁니다.

'사람의 인생은 무거운 무게를 짊어지고 길을 걸어가는 것과 같다, 서두르지 말 것'이라고 도쿠가와 이에야스德川家康는 말했습니다. '무거워, 아파' 하고 앓는 소리를 하면서도 천천히 천천히 걸음을 옮기는 것, 그 또한 인생입니다. 우리는 삶의 방식이 서툴지는 몰라도 '많은 것을 등에 짊어지고 온 인생'입니다.

이건 이거대로 조금은 자랑스럽게 여겨도 된다고 생각합니다

> **From Atsuko**
>
> **인생도 가방 속 물건도 무겁지만, 천천히 걸으면 문제없다.**

5. 귀여운
'그래도·하지만·어차피'
여자들에게

나쁜 점괘로 미래를 채우는 일은 그만두자

'그래도·하지만·어차피'라는 세 가지 부정적인 접속사 표현을 자주 쓰는 사람들이 있습니다.

이러한 표현의 결점은 모든 사고가 '그래도', '하지만', '어차피'라는 부정적인 방향으로 끌려가 버린다는 것입니다. 감정은 전염되기 때문에 그 사람뿐만 아니라 이야기를 듣는 쪽도 우울한 기분에 휩싸이고 맙니다.

"상담을 하길래 '이렇게 해 보면 어때?'라고 의견을 주면 늘 '그래도', '하지만'이 따라붙고, 마지막에는 정해진 대사처럼 '어차피 나는!'이라며 도리어 화를 내는 게 결론이니까, 그 사람이랑 있어도 전혀 즐겁지 않아!"라며 친구나 동료들이 거리를 두는 경우도 있습니다. 이렇게 되면 삶의 난이도는 쭉쭉 올라갑니다. 고립감이 자신을 점점 막다른 곳에 몰아넣어 패배의 무한 루프에 빠질 가능성까지 있는 중대한 사태입니다.

확실히 환자 중에서도 '부정 3종 여자'는 아주 많습니다. 물론 몸 어딘가에 통증을 느껴서 찾아오는 것이기는 하지만, 이야기를 듣다 보면 '부정 3종 세트 구사파'는 의외로 많습니다.

관찰해 보면 본인은 전혀 자각하지 못하고 있는 경우가 대부분입니다. 즉 이 언어가 습관이 되었다는 말입니다. 특별히 나쁜 뜻이 있을 리도 없고, 접속사를 선택할 때 단순히 조건반사적으로 튀어나올 뿐이라는 이야기입니다.

요코 씨(42세)는 '숨이 잘 안 쉬어진다'며 내원했습니다. 물론 병원 정밀검사에서는 문제가 없었기에 몸에 힘이 너무 많이 들어가 있다는 진단이 내려졌습니다. 갈비뼈는 딱딱하게 굳어 있고 등도 뻣뻣했습니다. 그 때문에 호흡이 얕아지면서 산소량이 줄어드는 상태였습니다. 요코 씨는 "늘 숨쉬기가 힘들고, 가슴도 아파요……"라며 괴로워하는 모습이었습니다.

침구 치료는 딱딱하게 굳은 근육을 부드럽게 하고 혈류를 개선해 나가기 때문에 숨쉬기 답답한 증상에도 효력을 발휘합니다. 단 요코 씨의 증상에는 국소 치료와 동시에 해결하지 않으면 안 되는 '멘탈' 부분의 문제가 있었습니다.

"중학생 아들이 아침에 잘 일어나지를 않아요", "다음 주에 아들의 실용 영어 기능 검정 시험이 있는데, 이걸 통과하지 않으면 고등학교가……", "지각한 아들이 '엄마가 안 깨워준 탓이야!'라며 화를 내는 거예요" 하고 요코 씨의 머릿속에는 '아들! 아들! 아들!', 아들은 마치 엄마가 없으면 아무것도 못 하는 아기 같았습니다. 진심으로 '자기가 돌봐 주지 않으면 아들은 망가져 버린다'라고 믿고 있는 듯했습니다.

"놓아 주는 것도 애정이에요"라고 말해도, 요코 씨의 대답은 늘 "그렇게 생각은 하지만……(그래도, 그래도……)"의 반복. 몸 상태가 많이 안 좋은 날은 특히 "어차피 저는 엄마로서 실격이니까……"라며 쓸데없는 자기 부정에 빠지곤 했습니다.

분명히 말해 두겠는데, 이 세상에서 실격인 엄마는 한 사람도 없습니다. 엄마는 엄마이기만 해도 괜찮아요. 그저 있어 주기만 해도 좋은 존재니까요.

미리 앞서 나가 아이의 일을 걱정하는 것은 엄마여서 그렇겠지만, 엄마든 아니든 이것저것 신경 쓰며 아직 일어나지도 않은 미래를 나쁜 점괘로 채우는 일은 그만둡시다. **왜냐하면 '미리 앞서 나가면 숨쉬기가 힘들기' 때문입니다.**

요코 씨의 사례에서 알 수 있듯이, 몸이 긴장해서 딱딱하게 굳으면 숨쉬기 힘든 증상이 발생하는 케이스도 있거든요. **'OO은 내가 하지 않으면', 'OO이 맞으니까, 그렇게 하지 않으면'이라는 '~지 않으면!'에 얽매이게 될 때는 마음의 여백을 잃어버린 상태입니다. 다른 수많은 선택지가 들어올 여지가 없기 때문에 동시에 몸도 굳게 되는 것입니다.**

'이게 당연!'이라는, 신념이라고도 할 수 있는 굳은 믿음을 가지고 있다 보면, '그렇게 할 수 없는' 상태를 '부정적 접속사 3종'으로 보완해서 내 몸의 손상을 완화하고자 하는 경향이 나타납니다.

몸을 위해서라도 가능한 한 '부정적 접속사 3종'에서 당연히 멀어져야 하지만, 오랜 세월 몸에 새겨진 습관을 고치기란 쉽지 않습니다.

그래서 저는 오히려 말해도 된다고 생각합니다. 이리저리 갈피를 잡지 못해도 괜찮으니 마음껏 말하는 겁니다.

"그래도, 결국 안 되는 거잖아?"
"하지만, 일이 바빴는 걸."
"어차피, 잘 될 리 없어."

그야말로 오늘 있었던 일을 머릿속에 떠오른 그대로 소리 내서 '그래도!', '하지만!', '어차피!' 하고 토해내 봅니다.

물론 화가 다시 끓어오른다거나, 너무나도 불쌍한 나 자신에게 눈물이 나서 감정이 엉망진창이 되어 버리는 일도 있겠지요. 그게 좋습니다.

변명으로 들리든 자기 연민으로 느껴지든 일단 토해내기. 그러다 보면 깨닫게 되는 타이밍이 찾아옵니다. '아, 지금 나는 '부정 3종 어저'가 되어 있네……' 하고.

비법은 말이죠, 혼자 있을 때 해 보는 겁니다. 나한테 밖에 안 들리니까 하고 싶은 만큼 실컷 말해도 얼마든지 괜찮아요! 이런 행동이 의외로 기운의 흐름을 바꾸는 계기가 되기도 합니다.

 요코 씨는 여전히 '그래도, 그래도……'라고 말하면서도, 몸 상태가 좋아지면서 '부정적 접속사 3종'을 쓰는 대화는 확실히 줄어들었고, 드디어 웃는 얼굴로 우리 침구원을 졸업하게 되었답니다.

> **From Atsuko**
>
> 나는 오늘 부정 접속사 3종 여자가 되어 있네, 하고 자각할 수 있다면 시야는 곧 밝아질 거예요.

칼럼 2 여자는 늘 어딘가가 뻐근하다

사람의 머리는 약 4kg. 그 아래로는 좌우 약 8kg으로 알려진 팔이 달려 있습니다.

그것들을 받치고 있는 목과 어깨에는 중노동입니다.

그런 데다 현대인은 상반신을 앞으로 굽힌 채 작업을 하는 일이 많아서 목과 어깨는 물론, 연동하는 등도 딱딱하게 굳어 있습니다. 이 상태를 '결림'이라고 부르는데, 의외로 성가신 녀석입니다.

'결림은 만병의 근원'이거든요. 겁을 주려는 건 아니지만, 온갖 병을 불러올지도 모른다는 말입니다.

'결림=근육 피로'라고 할 수 있는데, 이것이 쌓이고 쌓이면 두통, 현기증, 자율신경실조증, 안구건조, 위장 장애, 과민성장증후군, 혈압 불안정, 입마름 등의 질환을 초래하고, 더 나아가 우울증, 공황장애를 부를 수도 있는, 실은 내버려 둬도 괜찮은 증상이 아닙니다.

근육의 피로는 근육이 긴장한 상태입니다. 간단히 말해서 '혈류가 나쁘다'는 것. 통증이나 피로 물질이라는 것은 본래 혈액을 타고 씻겨 내려가지만, 말초신경이 손상을 입은 상태이기 때문에 통증은 그곳에 머무를 수밖에 없습니다. 따라서 통증도 사라지지 않는다는 논리입니다.

결림은 몸의 뒤틀림이나 내장의 질환에서 왔을 가능성도 있지만, 압도적으로 많은 원인은 너무 많이 사용했거나 또는 너무 사용하지 않아서입니다. 혹사하는 수준의 움직임도, 굳은 자세로 계속 있는 것도 좋지 않습니다.

특히 여성은 부드러운 곡선의 어깨를 가진 사람이 많고 근육량이 적기 때문에, 결림·당김으로 고민하는 사람의 비율이 높습니다. 일이 커지기 전에 매일매일 몸을 리셋하는 것이 중요합니다.

대책으로는 '결림을 느꼈다면 움직이기·따뜻하게 하기'가 기본입니다. 통증이 있는 부분을 따뜻하게 해 주는 이미지입니다. 우선은 걷거나 스트레칭을 해서 몸을 움직여 봅시다. 10분이든 15분이든 좋으니까요. 또 목욕이나 마사지도 매우 효과적인 방법입니다.

혈류를 몸 전체에 돌게 하는 이미지를 생각하며 실행해 보세요.

결림의 방치가 만병을 부른다

6. 남자와 여자는 평행선

가진 무기도 근력도 다른 남자의 말은 '바람자루'

> 바람자루에는
> 부적의 의미도
> (일본에서 축제 등에 장식하는
> 바람자루(후키나가시吹流し)에는
> 액운을 막는 부적의 의미도 있다
> —옮긴이). 부적은 없는 것보다는
> 있는 게 좋지!

당신, 그렇다면 상당히 몸 상태가 안 좋겠군요?

뭐라고요? '몸이 무겁디무겁고, 피로는 풀리지 않고, 목 안에 뭐가 걸려 있는 듯한 느낌이 들고, 위장 상태도 안 좋고, 그럼 살이라도 빠지면 좋겠는데 아니, 오히려 살이 찐 거 같은데?'라는 생각이 드나요? 그런데 '병원에 가 봤지만, 아무것도 아니라는 말만 들었다'고요? 그거 꽤 힘들겠네요!

네? '이제 사는 것도 힘들어졌다'고요? 네, 잘 알지요. 우리는 그런 고민을 하는 여성 전문이기도 하니까요. 맡겨 주세요.

그런데 단도직입적으로 묻겠는데 당신, 남자와 함께 살고 있지 않나요?

'어떻게 알고 있지?'라니, 남자와 함께 사는 여자는 착한 사람일수록 몸 컨디션이 무너져 있거든요. 당신 몸이 안 좋은 이유의 절반은 '그 착함'에서 비롯된 거라 생각해요.

남편에게 '(전업주부라서) 집에 있는데, 왜 몸이 안 좋고 그런 거야?'라는 소리를 들었나요? 하여간 남자란 그렇다니까······.

뭐, 남자라는 족속은 '여자가 몸이 안 좋으면 기분이 안 좋아지는 생물'이거든요. 특히 배가 고프기라도 하면 그걸로 아웃. '본인의 뱃속 상태 〉 파트너의 몸 상태'라니까요.

1장 센스 있는 사람 역할에서 내려오는 레슨

딱히 당신의 남편이 특별히 이상한 것이 아니라, 남자란 자고로 그런 성질을 가지고 있습니다. 다들 그래요. 대부분 그렇답니다.

이런 이야기 자주 듣지 않나요? 아내가 열이 나서 누워 있는데, 남편이 "내 밥은?" 하고 진지한 얼굴로 묻더라는 이야기. 아니면 몸이 안 좋아서 누워 있는 아내에게 남편이 의기양양한 얼굴로 "괜찮아, 누워 있어! 내 밥은 내가 알아서 할 테니까!" 하는 케이스.

이불 속에서 '저기? 내 밥은!?' 하는 생각에 화가 치밀었던 경험이 있는 여자도 셀 수 없이 많을 테지요.

"몸이 안 좋으면 빨리 병원에 다녀 와!"라는 기분 나쁜 소리도 들었겠죠?

그러고 나서 아무것도 아니라는 진단을 받으니, "아무것도 아니라는데, 아직도 몸이 안 좋은 거야? 언제 나아?"라고 하던가요? '그건 내가 제일 알고 싶다고!'라는 말이 절로 나오지요.

"당신은 좋겠네. 몸이 안 좋으면 그냥 누워 있으면 되고, 나는 회사에 가기 싫어도 가야 하는데……"라는 말을 들었다고요?

아니, 이쪽두 딱히 꾀병을 부리면서끼지 누워 있고 싶겠냐고, 누워 있어야 할 만큼 몸이 안 좋다는 걸 먼저 좀 알라고! 하는 생각이 드는데, 가장 알아주었으면 하는 사람에게 이해받지 못하면 마치 혼자가 된 듯 외로운 법입니다. 당연히 괴로움에도 박차가 가해집니다. 당신은 아무것도 잘못하지 않았습니다.

그런데 말이죠, '남자에게는 여자의 괴로움을 알 길이 없다'라는 사실을 당신이 먼저 이해하면 어떨까요.

그도 그럴 것이, 다른 종류의 생물이니까요.

이미 잘 알고 있듯이 가진 무기도 다르고, 근력도 다릅니다. 체력도 다르지요. 적은 아득한 옛날 매머드를 상대로 싸워 온 종족이니 힘을 쓰는 면에서 보면 남성 우위입니다. 사실 피로 회복의 속도도 남성이 여성보다 빠릅니다. 여성에게는 출산이라는 역할이 있기 때문에 자기 몸을 지키려는 힘이 작용합니다. 그 때문에 마음은 있어도 '막판까지 몸을 몰아넣는' 구조로는 되어 있지 않습니다.

들어 본 적 없나요? 여성 호르몬의 하나인 에스트로겐. 혈행을 조절하고, 피부 윤기를 정돈하고, 뼈를 튼튼하게 해서 여성의 몸을 지켜 주는 호르몬입니다. 당신은 알고 있나요? 이 에스트로겐의 체내 생산량은 티스푼 하나 정도의 분량입니다. 네, 평생 찻숟가락 하나입니다.

'적은데!?'라는 생각이 드는데, 이게 뭘 의미하냐면, 워낙 소량이다 보니 우리는 여성 호르몬의 아주 작은 변동만으로도 몸과 마음에 큰 영향을 받는다는 말입니다.

갱년기는 여성을 지켜 주는 부적인 에스트로겐의 감소로 자율신경의 밸런스가 쉽게 무너지기 때문에 불쾌한 증상이라는 온갖 '불청객'을 우리 몸에 초대하는 시기입니다. 이미 그런 시기여서 누워 있는 건 어쩔 수 없어, 불만이 있으면 창조주인 신에게 말해!라고 외치고 싶지만 또 그럴 수도 없지요. 그럼 어떻게 하면 좋을까, 하는 이야기가 되는데, 파트너에게 '여자 취급설명서'를 정중하게 제시하는 것이 하나의 방법입니다.

왜냐하면 남성의 다수는 좋든 나쁘든 순수하기 때문입니다. 들은 말은 그 말 그대로 직관적으로 받아들이기 쉽고, 생각하고 있는 것을 말로 전달하지 않으면 모르는 경향이 있잖아요. 예를 들어 파트너와의 관계에서 남성이 여성에게 "화났어?"라고 물었을 때. 여성이 "딱히 화 안 났어!"라고 대답하면 남성은 순수하게 '뭐야, 화난 기 아니었어. 그럼 기분 풀면 되겠네'라고 파악하기 쉽습니다.

따라서 "여자는 몸이 안 좋아지는 생물이니까, 이럴 때는 미안하지만 이렇게 해 줘"라고 미리 요청해 두면 되는데, 경험상 이 말이 통하는 경우는 열에 하나 정도입니다. 이 정도로는 '하나부터 열까지 말해 주지 않으면 모르는 거야!?'라고 생각하는 여성으로서는 성에 차지도 않지요. 몸 상태가 안 좋을 때는 특히 남성의 '이해 능력'을 기대하면 괴로워지기 십상입니다.

제가 추천하는 현실적인 대책은 일명 '남자의 의견은 바람자루'입니다. 바람자루는 기류의 방향이나 흐름을 눈으로 보기 위한 깃발입니다. 고이노보리(잉어 모양의 깃발을 막대에 달아 걸어 놓는 것-옮긴이)**의 맨 꼭대기에서 헤엄치고 있는 그 오색의 팔랑팔랑이지요.**

컨디션이 안 좋은 당신은 파트너의 발언을 '아, 지금 이쪽에서 바람이 불어오는구나!' 정도로 받아들이지 않으면 몸이 견디지 못합니다.

'남자의 뇌는 이렇게 생각하는구나. 하지만 나는 여자니까 무리!'라고 생각하고 그냥 날려 버리기. 파트너의 의견이 종잡을 수 없는 말로 들리겠지만, 그의 발언은 그 나름대로 당신의 회복을 바라고 있기 때문일 거예요(아마도). 바람자루에는 예부터 부적의 의미도 있습니다. '부적'은 없는 것 보다는 있는 편이 좋잖아요.

그래도 막말을 견디기 힘들어졌다면, 저 같은 여성 침구사를 찾아가 푸념을 쏟아내 버립시다.

> **From Atsuko**
>
> '여자가 몸이 안 좋으면, 남자는 기분이 삐딱'
> 원래 그런 거예요, 남과 여.

2장

누군가의 언짢음을 떠안는 걸 그만두는 레슨

7. 된장국을 흘리기도 전에 꾸중을 듣고……

늘 '착한 아이'에서 이제는 졸업해도 된다

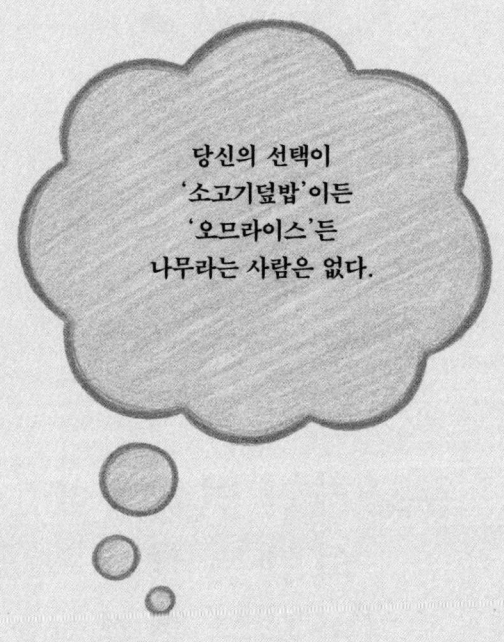

당신의 선택이
'소고기덮밥'이든
'오므라이스'든
나무라는 사람은 없다.

이 세상은 마음이 여린 사람, 착한 사람에게는 더더욱 살기 힘든 세상인지도 모릅니다. 1장에서 배려심이 많은 여성이거나 노력파일수록 아프기 쉽다는 이야기를 했는데, 여기에는 어떠한 경향이 작용하고 있지 않을까 하는 생각이 듭니다. **그 경향이란 한 마디로 멘탈이 쉽게 흔들리는 사람의 경우 어렸을 때부터 쭉 '착한 아이'였다는 것입니다. 아마도 그렇게 하지 않으면 살아가기가 힘들지 않았을까 상상해 봅니다.**

예를 들어 어렸을 때 부모님에게 "된장국을 식탁으로 옮겨"라는 말을 들었다고 해 볼까요. 조금은 불안하게 국그릇을 옮기는 작은 손. 그때 등 뒤에서 "흘리면 안 돼!"라는 질책이 날아옵니다. 아직 흘리지도 않았는데 말이지요. 국을 무사히 옮겼다고 해도 '당연한 일'이기에 칭찬은 없고, 국을 흘리기라도 한 날은 꾸지람이 기다리고 있습니다. 이런 식으로 일상적으로 '잘 안 될 것'이라는 미래 예측을 당하며 자라 온 사람은 흠칫거리며 어른이 됩니다.

또는 어렸을 때 부모님과 외식하러 가서 "A 런치랑 B 런치, 어느 쪽이 좋아?"라는 말을 들었다고 합시다. 그때 부모님의 눈치를 살피며 어느 쪽이 정답일지 가늠하고 헤아리며 자라 온 사람은 어른이 되어서도 그런 습관에서 벗어나지 못한 채 그 상황에서의 '정답'을 필사적으로 생각하게 됩니다. 자신의 의견은 '없는' 것 취급하면서······. 그러다 보면 어느새 내가 의사를 가져도 괜찮은 걸까, 하는 생각으로 시작해서 결국은 자기 의사가 있는지 없는지조차 알 수 없게 될 확률이 높습니다.

인생은 늘 취사선택의 연속입니다. 예를 들어 지하철을 탄다고 했을 때 어느 칸의 문으로 탈지, 앉을지 서 있을지, 또 내일은 어떤 옷을 입고 갈지, 우산은 필요할지 필요 없을지 등등. 모든 행동은 자신의 결단으로 이루어집니다. 그리고 인생은 그 반복입니다. 거기에는 큰 결단부터 정말 사소한 결단에 이르기까지 본인이 만들어 온 가치관이 분명 영향을 미치고 있습니다.

그 가치관은 자신의 성장 환경 속에서 형성되는데, 어렸을 때부터 선택권이 주어지지 않았다거나, 또는 용기를 내서 의견을 말한다 해도 '정론으로 묵살해 버리는 환경'에서 자란 경우, 어느덧 자신의 의견은 점점 사라지고 부모의 뜻을 따르는 것을 우선시하는 '습관'이 들기 쉽습니다.

하지만 그것은 '이리고 착한 아이'의 생존 기술입니다. 그 아이가 나빴던 것은 아니에요. 왜냐하면 어린아이는 부모님(또는 보호자) 없이는 살아갈 수 없기 때문이지요. 부모에게 사랑받지 않고서는 살아갈 수 있는 기술이 없거든요. 그래서 온 힘을 다해 열심히 하려고 합니다. 그저 부모의 사랑을 받고 싶어서.

그렇게 해서 어느 정도라도 채워질 수 있으면 좋겠지만, 그렇지 못한 경우 커 가면서 점점 부모님에 이어 주변 사람들의 기분을 맞추는 방식으로 내가 있을 곳을 확보하려고 발버둥치기 시작합니다.

실은 관심도 없으면서 관심 있는 척을 한다거나, 거절하고 싶은데도 받아들인다거나…….

만약 '아, 분명 나한테 그런 경향이 있는 것 같은데……'라는 생각에 지금 한숨이 나왔다면, 조금 생각해 봤으면 합니다.

'떠내려가는 나는 어디에서 온 건가?', '나는 뭘 좋아하나?' 하고요.

첫 단계는 긴장하면서라도 괜찮으니 조금씩 말을 내뱉는 것에서부터 시작해 보면 어떨까요.

"나는, 이게 좋은……지도?"

"이거, 좋을 것……같은데?"

그래요, 그런 느낌입니다. '이거 싫어', '이거 좋아'라고 말하지 못하는 당신이니까, '이거, 좋은 지도?', '좀 싫은 것 같기도?'라는 의문형으로 중얼거려 보세요.

이런 식으로 조금 익숙해졌다면, 이번에는 이렇게 해 보는 거예요.

오늘 점심은 혼자 밖으로 나가서, 혼자 메뉴 선택해 보기.

당신은 수많은 메뉴 중에서 당신의 몸이 지금 원하고 있는 것을 선택하면 그만입니다. 당신이 좋아하는 음식을 먹으면 되는 거예요.

보세요, 당신이 '소고기덮밥'을 선택하든, '오므라이스'를 선택하든, 그걸로 당신을 나무랄 사람은 없다는 사실을 알게 되었네요. 우선은 거기서부터입니다.

'나, 좋고 싫은 걸 말해도 괜찮은 거였어. 그저 말하는 것뿐이잖아. 그 누구에게도 피해를 주거나 하는 것도 아니었어'라는 사실을 실감할 수 있으면 좋겠습니다.

'다른 사람이 어떻게 생각할까?', '다른 사람은 내가 어떻게 해 주길 바라고 있을까?'를 깊이 들여다보는 습관을 조금만 봉인하고, '나는 진짜로 어떻게 하고 싶지?'를 우선순위의 1번으로 승격시켜 보면

어떨까요? 당신은 지금까지 이미 충분히, 지나칠 정도로 자신을 후순위로 해 왔으니까요.

때로는 '자기주장'을 해 봐도, 벌 같은 건 받지 않아요.

> From Atsuko
> **마음이 정돈되는 첫걸음은 '이게 좋아!'라고 말할 수 있는 것.**

8. 사람은 원래 부정적인 생물

불안이나 공포와 싸우지 않고,
지체 없이 항복하는 방법도 있다

다들 한 꺼풀
벗겨내면
불안으로
가득 차 있어요.

미키 씨(당시 48세)가 저를 찾아온 것은 몇 해 전 꽃샘추위 무렵이었습니다.

그녀는 남성이 주를 이루는 업계에 몸담고 있었는데, 회사에서는 유일한 여성 관리직이었습니다. 이쪽에서 접대가 있으면 마다하지 않고, 저쪽에서 골프 대회가 있으면 간사로 나서고.

"미키 씨에게 맡기면 안심", "미키 씨가 있으면 잘못될 일이 없지"와 같은 평가를 받으면서도, 사생활은 거의 없다시피 한 일상을 오랜 세월 보내고 나서야 드디어 손에 넣은 지위인 듯했습니다. 하지만 첫 여성 관리직에 올랐을 때쯤부터 몸 상태가 이상해지기 시작했습니다.

"선생님, 현기증이 심해서 메니에르병을 의심했었는데요, 병원에서는 아니라고……. 신경 쓰지 말라는 말을 들었는데, 아무래도 신경이 쓰여요"라는 것이 그녀가 처음으로 한 호소였습니다.

쉬는 날은 거의 없다고 할 수 있는 생활이었기에 조금만 휴식을 취하라는 조언을 건넸지만, 당시에는 들으려 하지 않았습니다.

"괜찮아요! 이 프로젝트는 전력을 다해서 진행해야 하거든요!"

"솔직히 저 말고는 이 일을 할만한 사람이 없어요!"

시술실에서의 대화도 '일, 일, 일!'이었는데, 현기증의 증상이 조금 좋아졌을 때쯤에는 일이 바쁘다는 이유로 모습을 나타내지 않게 되었습니다.

오랜만에 그녀가 다시 찾아온 건 전 세계가 팬데믹에 빠지기 시작했을 무렵이었습니다. 어느 날 아침, 갑자기 귀가 들리지 않게 되었다는 말이었습니다. 돌발성 난청이었습니다.

사실 돌발성 난청과 침의 상성은 매우 좋아서 '어라?' 하는 생각이 든다면 바로 침구원으로 달려가기를 추천하기도 하는데, 미키 씨도 그러한 경위로 다시 찾아온 것입니다.

돌발성 난청 환자는 회복되어 가는 과정에서 대부분 비슷한 이야기를 합니다.

"어? 뭔가 몸 전체에서 음이 울리고 있는 것 같은데!?"

보통 인간은 귀로 소리를 듣는다고 생각하지요. 물론 청각이라는 의미에서 보면 그 기관은 귀에 집약되어 있지만, 실은 몸 전체에서 소리를 받아들입니다. 그래서 '(귀로) 들린다'라는 실감을 하기 전에 '(몸으로 소리를) 느낀다'라고 표현하는 환자가 많습니다.

몸의 기관은 단독으로 존재하는 것이 아니라 모든 부분이 연결되어 있으니 당연하다면 당연한 말이지만, 의외로 이 사실은 잊히기 쉽습니다.

미키 씨도 몸을 파트별로 나눠서 '머리', '귀' 하는 식으로 그 부분만의 치료를 요구해 왔었는데, 인간의 몸은 머리만 따로 떼어내서 치료하는 구조가 아닙니다. 역시 전체적으로 진찰하지 않으면 불편함을 느끼는 그 부분도 진정한 의미에서는 좋아질 수 없습니다.

바로 치료에 들어가게 된 미키 씨에게 어떠한 변화가 일어났습니다.

푸념조차 절대 흘리지 않았던 미키 씨가 이런 말을 한 겁니다.

"선생님, 실은 회사의 실적이 악화되었는데, 설마 했던 제가 구조조정 후보예요. 결국 정년도 못 채우고 해고라니……. 회사는 제 능력을 사 준 게 아니라, 결론적으로 저는 그냥 쓰고 버리는 말이었다는 거죠……."

그리고 긴 침묵 후에 울먹이는 목소리로 이렇게 말했습니다.

"선생님, 저……어떻게 되는 걸까요……?"

그러더니 미키 씨는 켜켜이 쌓인 감정을 터뜨리기라도 하듯 사실은 내내 불안했다는 것, 자신감 따위 1도 없었다는 것, 늘 초조해하고 있었다는 것, 뭐든지 부정적으로 받아들이는 자신의 성격에 지칠 대로 지쳤다는 것, 하지만 자신의 그런 모습을 누구에게도 드러내고 싶지 않았다는 것⋯⋯이런 것들을 눈물을 흘리며 이야기해 주었습니다.

인간이란 기본적으로 부정적입니다. 다들 한 꺼풀 벗겨내면 불안으로 가득 차 있습니다. 실은 이거, 인간의 본능이라고 해요. 위험 신호를 놓치지 않고 파악해야만 생명을 연장할 수 있었던 우리의 선조가 얻은 지혜입니다. 그래서 우리는 '불안'과 '공포'라는 감정과 늘 함께하고 있는 거죠.

저는 일단 이 사실에 '지체 없이 항복해 버리자!'라는 생각입니다. 본능과 싸워 봐야 질 게 뻔하니까요. 부정적인 자신에게 싫증이 난다면 정색하고 나서면 됩니다. '최선을 다했지만 무리야! 더는 싸우지 않을래!' 하고 전선 이탈. 괜찮아요, 그곳에는 또 다른 풍경이 펼쳐져 있을 것이 분명하니까요.

시술실 창문을 열면 하늘이 보입니다. 한번은 미키 씨가 "구름은 계속해서 모양이 바뀌네⋯⋯" 하고 중얼거린 적이 있습니다.

다들 조금씩은 이런저런 부분에서 충분치 못하고, 불안해지기도 하고, 한 걸음도 나아가지 못하는 날도 있습니다. **하지만 저는 그걸로 괜찮다고 생각해요. 언제나 늘 앞을 향해 달리기만 하는 것이 인**

생은 아니니까요.

미키 씨는 그로부터 일 년 후, 증상이 말끔히 개선되었고, 지금은 무려 같은 회사의 다른 부서에서 활약하고 있습니다. 구조조정은 소문이었을 뿐 괜한 걱정이었던 듯합니다.

"선생님, 요즘 회사에서 다들 제게 분위기가 부드러워졌다는 말을 해요. 제가 그렇게 경직되어 있었나요?(웃음) 역시 여자에게는 '얼굴빛과 휴식이 중요!'네요. 아, 이거 선생님 말씀 그대로 따라 한 건가!?(웃음)"

하늘에는 흐린 구름이……. 내일은 비가 올지도 모르지만, 그 또한 좋지요.

From Atsuko

불안한 때일수록, 멍하니 구름을 바라보자.

9. 불안은 그 수를 세게 되는 법이지만……

도가 지나친 걱정은 몸을
굳게 해서 결림을 초래한다

불길한 미래를 굳이 가정
→ 위험을 회피하기
위해서겠지만,
몸도 마음도
너덜너덜.

'사람이란 정말 끝도 없이 불안해지는 생물이구나' 하는 생각이 듭니다. 이것은 7만 명이 넘는 환자를 봐 온 제가 실제 체험을 통해 느낀 바입니다.

물론 딱히 좋아서 불안을 긁어모으고 있는 것은 아닙니다. 굳이 말하자면 스스로 알아차리지 못하는 사이에 불안을 차곡차곡 모아 나가는 이미지라고 할까요. 다들 '불안한 상태로 있는 것'이 당연해져 있어요. 굳이 불안이라는 씨앗의 수를 정성스럽게 세고 있다거나 말이죠. 그래서 만에 하나 그 씨앗이 싹을 틔우는 일이 있더라도 스스로 괜찮을 수 있도록, 여러 가지로 '보험'을 계속 들어 두는 사람도 있습니다.

야스코 씨(45세)에게는 중학교 수험을 앞둔 딸이 있었습니다. 6년 전 초등학교 수험 결과가 안 좋았는지, '실패를 용납하지 않는 수험'이라고 이야기했습니다. 저는 미혼이라 아이는 없지만 교사 경험이 있다 보니, 야스코 씨의 엄마로서의 마음을 알 것 같기는 합니다. 역시 엄마에게 있어 자녀의 수험은 중요한 일이니까요.

고혈압, 부정맥, 두통, 변비, 설사, 몸의 무거움, 현기증, 혀의 통증, 이명, 목 막힘, 부종, 피부 가려움……. 여러분도 그렇겠지만 야스코 씨도 다양한 증상으로 괴로워하며 저를 찾아왔습니다.

"선생님, 저 왜 이러는 걸까요?"라고 물었는데, 그것을 전문용어로 '자율신경실조증'이라고 합니다. **호르몬 밸런스가 흐트러지면서 나타나는 컨디션 난조로, 정신적인 문제도 함께 찾아오는 경우가 많다 보니 꽤 괴롭습니다.**

"갑자기 가슴이 답답해졌다가, 눈물이 났다가, 감정 컨트롤이 안 돼요"라는 야스코 씨. 시술을 받는 동안에도 빈번하게 딸의 수험 이야기를 하곤 했습니다.

"이번에도 불합격이면 제 탓이에요", "제 몸 상태가 이렇다 보니, 분명 떨어질 거예요" 등등, 마치 딸의 불합격은 '정해진 노선' 같았습니다.

'딱히 불합격이라고 해서 죽는 것도 아니고'라는 말은 외부인이니까 할 수 있는 무책임한 말이겠지요.

제가 봤을 때 야스코 씨는 그저 '보험'을 들어 두는 느낌이었습니다. '나쁜 미래'를 미리 가정해 둠으로써, 실제로 그렇게 되었을 경우의 위험을 온 힘을 다해 줄이겠다는 리스크 관리의 기능이 발동되는 것이 아닐까 싶습니다.

이 보험은 어떤 의미에서는 '징크스' 회피입니

다. 징크스란 '기운이 나쁜 것'이라는 의미입니다. 들어 본 적 있지 않나요? '검은 고양이가 지나가면 불길하다', '13일의 금요일은 불길한 날' 같은 종류의 이야기.

이 '미래의 불길'을 회피하기 위해 야스코 씨는 무의식적으로 '징크스'를 깨려 하고 있었던 게 아닐까요? 온갖 리스크를 가정함으로써 '검은 고양이'나 '13일의 금요일'과 언제 조우해도 괜찮을 수 있도록 계속해서 마음의 준비를 해 두고, 어느새 그것이 사고의 습관이 되어 일이 잘 풀렸을 때는 '내가 온갖 징크스를 상정해 둔 덕분'이라고 살짝 바꿔치기해 버리는 겁니다.

결국 야스코 씨는 딸의 중학교 수험이 대성공으로 마무리될 때까지 '시험 당일에 지하철이 지연되면?', '딸이 감기에 걸리면?'으로 시작해서, 끝내 '입시 당일에 대지진이 일어나면?'이라는 걱정까지 하며 '이제 다 끝났어. 분명 불합격할 거야!'라고 끊임없이 말했습니다.

'양말은 오른쪽부터 신기'라는 정해진 규칙이 있다고 해 봅시다. '오른쪽부터 신었으니까 오늘도 나는 럭키!' 하고 길흉을 따지는 정도라면 문제가 되지 않습니다. 일종의 '주문' 같은 효과를 기대할 수도 있겠지요. 하지만 '무심코 왼쪽부터 신고 말았어! 이제 분명 나쁜 일이 일어날 거야'라는 징크스로 발전해 버리는 쪽이 문제입니다. 그건 '망상'이니까요. **징크스가 있어도 상관은 없지만 그 징크스를 '고이고이 계속 이어 나간다'고 하면 마음은 지치고 맙니다. '망상'이라는 '아직 보이지 않는 미래에 대한 불안'은 신경을 아주 많이 사용하기 때문이지요.**

일어나지 않았으면 하는 일을 생각하고 있을 때 인간의 몸은 딱딱하게 굳습니다. 즉 몸이 뻐근한 상태가 됩니다. 다시 말해 신경이 활동하지 않는다는 의미인데, 당연히 컨디션은 나빠질 수밖에 없습니다.

망상이라는 어둠이 마음을 집어삼키면 사는 즐거움도 잃게 되니 일어나지도 않은 미래의 불안에 보험을 들어 둘 거라면 '적당히'가 답이겠지만, 그렇게 하지 않고는 견딜 수 없는 마음도 이해는 됩니다. 그렇다면 그럴 때는 징크스가 아니라 주문을 걸어서 불안을 떨쳐내는 방향으로 끌고 가 봅시다. 조금씩이라도 좋으니까 말이에요. 그 반복에 익숙해질 때쯤이면 몸도 조금은 편해져 있겠지요.

> **From Atsuko**
>
> 인생에 보험을 들어 두는 것은 좋지만, 도가 지나치면 어느새 망상이.

칼럼 3 여자는 늘 어딘가가 답답하다

갱년기로 인한 자율신경계의 불균형 중에서 '딱히 이유도 없는데 불안해지고 답답하다'라는 멘탈의 문제가 있습니다.

피로가 쌓인다 → 신경이 활동하기 어려워진다 → 머리에 피가 돌지 않는다 → 산소 부족에 빠진다 → 불안을 느낀다, 라는 사이클이 원인이 되는 경우가 많은 듯합니다.

불안을 호소하는 사람에게는 동시에 목 막힘, 혈압의 불안정, 가슴 답답함, 가슴의 울렁거림, 휘청거림 등의 증상도 나타납니다. 이러한 증상은 '마음'에서 오는 케이스가 대부분입니다.

몸과 마음은 일심동체이기 때문에 몸에 나타난 이상한 증상들이 한층 더 불안을 부채질하고, 불안해지면 그 증상은 한층 더 심해지는 악순환에 빠지고 마는 것입니다.

그렇다고는 해도, '뭐라고도 표현할 수 없는 막연한 불안감'은 그저 공포일 뿐입니다.

어떠한 트라우마나 잠재의식, 사고의 문제로 인해 일상적으로 불안에 휩싸이는 사람에게는 심리상담을 추천하겠지만, 자율신경의 균형이 흐트러져서 오는 불안이라면 긴급 피난처와 같은 대처 방법이 있으니 한번 시도해 보세요.

그 대처 방법은 '어, 왔어!?' 싶을 때 서둘러서 관심을 돌리는 방법입니다. 찾아온 불안에 갇히지 않고 자기 안에 다른 감각을 집어넣어서 불안을 덮어쓰기로 지우는 것이 포인트입니다.

화장실 등 다른 장소로 이동한다, 스트레칭을 시작한다, 껌을 씹는다, 사탕을 먹는다, 쿠션을 집어 던지거나 친다, 좋아하는 향을 맡는다, 담요를 머리에서부터 뒤집어쓴다……등등 주의를 다른 쪽으로 돌리는 행동을 해 보세요. 몸을 쓰다듬거나 명치를 탁탁 두드리는 방법도 효과적입니다.

그렇게 해도 불안이 사라지지 않는다면 쿠션이나 베개를 힘껏 껴안아 주세요. '이 불안감은 언제까지나 계속되지 않는다'라고 강하게 생각하면서 껴안는 겁니다. 어쨌든 그 상황에서 할 수 있을 만한 행동을 해 보고, 계속 반복하다 보면 어느새 마음이 진정되어 있을 거예요.

불안의 파도가 덮쳐왔다면

10. 모든 것을 '자기 일'로 생각하지 말지어다!

타인의 감정까지 떠안을 필요는 없다

섬세하다는 건 좋은 점입니다. 그도 그럴 것이, 상냥하다는 말이니까요. 이 섬세함은 많은 여성들이 가진 장점이기도 합니다.

상냥하다는 건 배려심이 넘친다는 뜻입니다. 즉 다른 사람의 아픔을 이해한다는 말인데, 이는 인간적으로 훌륭한 부분입니다. 만약 당신이 그런 사람이라면 당신을 보며 배우는 사람도 분명 많겠지요.

또 다른 장점을 들어 보면, 섬세한 사람은 감수성이 풍부합니다. 작은 일에도 감동하기에 인생을 제대로 맛보며 살 수 있는 사람이기도 해요.

그런데 말이죠, 참 난처한 것이 가끔 뇌내 회로가 오작동을 일으켜서 섬세한 사람을 직격하는 경우가 종종 있습니다.

'오늘 아침에 동료를 마주쳤을 때 묘하게 느낌이 안 좋았는데, 혹시 내가 뭔가 잘못했나?'

'오늘 병원에서 담당 의사의 태도가 엄청 퉁명스러웠는데, 나 혹시……미움받고 있는 건가?'

이런 식으로 당신의 머릿속은 만나는 사람마다 안부를 묻느라 무척 바쁩니다.

당신 혹시, 기분이 안 좋아 보이는 편의점 직원만 봐도 자기 탓을 해 버리거나 하지는 않나요?

이는 지나치게 상냥한 성격의 단점인데, 다른 사람의 말이나 행동을 지나치게 살피는 버릇 때문에 모든 것을 '자기 일'이라 생각하며 너무 심각하게 받아들여서 일어나는 일입니다. 자신과 직접 관계되지 않은 일이라도 제멋대로 마음이 무거워져 버리곤 하지요.

첫가락이 구르는 것만 봐도 웃음이 터지는 사람이 있으면, 같은 장면을 봐도 화를 내는 사람이 있습니다. 사람에게는 각자의 사정이 있고, 당연히 저마다의 감정이 있고, 그 감정은 모두가 같을 수 없고, 심지어 같은 사람이라도 매 순간 여러 생각이 뒤섞이다 보면 기분의 바로미터는 격하게 흔들립니다. 나도 그렇고, 남들도 그렇고.

'타인의 감정까지 떠안을 필요는 없지 않아?'라는 걸 알고는 있지만, 그게 좀처럼 쉽지 않지요…….

그런데요, 역시 이 '버릇'을 알아차렸다면 스스로를 좀 구해 줄 필요는 있시 않을까 생각합니다.
왜냐하면 타인의 반응에 일희일비하는 것이 긴장

을 부르고→혈류를 막히게 해서→불안을 증폭시킨 결과=자율신경의 밸런스가 무너지는 원인이 되기 때문입니다. 마음에도 나쁘지만 몸에도 좋지 않다는 말입니다.

저 역시 그런 경향이 나타나는 경우가 적지 않은데, 그럴 때는 이런 식으로 헤쳐 나가고 있습니다. '좀 더 내 오감을 믿자!'라고. 우리에게는 그럴 수 있는 힘이 있습니다. 원래부터 가지고 있던 거니까요.

오감이란 말할 필요도 없이 '보다', '듣다', '냄새 맡다', '맛보다', '피부로 느끼다'의 다섯 가지 감각입니다. **사실 남에게 휘둘리고 있을 때 오감의 움직임은 오작동 상태예요. 버그Bug는 원래 '못된 짓을 하는 벌레'라는 의미로, 요컨대 오작동을 말합니다.** 이 경우, 버그를 제거하기 위해서 '해충 구제'가 필요하겠지요.

가장 먼저 해야 할 일은 시각·청각·후각이라는 세 가지 감각의 부담을 조금이라도 줄여 주는 것입니다.

특히 컴퓨터·스마트폰·텔레비전 같은 기기, 전자음이나 소음, 냄새가 너무 강한 세제나 향수처럼 화학 물질이 과다한 상품은 주의가 필요합니다. 이러한 것들은 지나치게 자극이 강한 면이 있어서 시각 · 청각 · 후각이라는 세 가지의 감각을 지치게 만드는 원인이 되기 때문입니다. 이 세 가지 감각이 무리하게 풀가동되면 마치 연동되듯 미각과 촉각의 밸런스도 무너지기 쉽습니다.

'평소보다 타인에게 휘둘리고 있다' 하는 느낌이 든다면, 긴급 피난을 위한 방법으로 가장 먼저 이러한 요소들로부터 의식적으로 멀어지는 시간을 가져 보세요.

그다음으로는 태어날 때부터 가지고 있던 오감을 정비해 나갑니다. 방법은 오감에 '편안함'이 작용하도록 하는 것. 그것만으로도 뇌의 피로는 회복될 수 있습니다.

'안 돼, 안 돼! 남의 기분까지 떠안고 있어!' 하는 상황에서는 당신이 가지고 있는 오감 풀가동입니다. 탁 트인 파란 하늘, 멀리서 들려 오는 벌레 소리, 햇살 냄새가 나는 빨래, 왠지 그리워지는 국물 맛, 뺨을 어루만지는 듯한 바람…….

보세요, 당신 주변에는 기분 좋은 것들이 한가득입니다.

타인의 기분에 휘둘려서 지쳐 버렸다면, 오감의 자극을 통한 기분 전환을 시도해 보세요.

> **From Atsuko**
> **지쳤다는 생각이 든다면, 자신의 오감에 기대 보기!**

칼럼 4 여자는 늘 어딘가가 찌뿌둥하다

갱년기 여성을 직격하는 증상 중 선두 주자는 '권태감'과 '찌뿌둥함'입니다. 이러한 증상이 찾아오면 몸이 축 처져서 움직일 수도 없고 만사가 귀찮아지는 법이지요. 주위 사람들은 '너무 늘어져 있다'며 '게으름뱅이 취급'을 하고, 그 때문에 오히려 더 괴로워지기만 합니다. 이는 '증상'에서 비롯되는 것이기 때문에 여성 개인에게는 죄가 없지만, 좀처럼 이해를 얻기가 힘듭니다. 그렇기는 해도, 건강해지는 것보다 더 좋은 것은 없으니 일상생활 속에서 개선될 수만 있다면 다행스러운 일이지요.

역시 안정적인 생활의 리듬과 스트레스 회피, 식사가 중요하다는 사실은 말할 필요도 없습니다. 푹 자고, 아침 햇볕 쬐기. 짧은 시간이라도 좋으니 스트레스가 해소되는 무언가를 매일 해 보기, 대두제품·비타민E를 함유한 식품(아몬드, 장어, 호박 등)·오메가3 지방산을 함유한 식품(정어리, 꽁

치, 고등어, 연어알 등) 등 갱년기의 권태감에 효과가 있다고 알려진 식품을 균형 있게 섭취하기가 기본입니다. 역시 건강에는 예로부터 쭉 전해져 내려온 방법들이 가장 효과적이지요.

그건 그렇고, 제가 가장 밀고 있는 어드바이스는 이것입니다. 아침에 일어나면 조금 뜨거운 물로 머리부터 시작해서 샤워를 합시다.

개운하게 잠이 깰 수 있는 데다가 혈류가 원활해지는 효과를 기대할 수 있습니다. 그리고 손가락 전체를 이용해 목과 머리를 중심으로 마사지해 줍니다. 이를 통해 부교감신경에서 교감신경으로의 스위치 전환이 매끄럽게 이루어집니다.

그때는 얼굴을 약간 위쪽으로 향하게 하면 기분이 맑아집니다. 이렇게 위를 향하는 동작은 일상생활 중에도 의식적으로 해 보면 좋아요. 하늘을 올려다보는 느낌으로요.

개운해진 기분으로 아침을 맞이하면 모든 세포가 움직이기 시작하면서 오늘 하루도 힘낼 수 있을 것 같은 기분이 들 겁니다. 아침 샤워, 추천합니다.

'아침 샤워'로 스위치 온

11. 몸과 마음은 하나로 움직인다

컨디션 난조는 지나치게
애쓰고 있다는 사인임을 알아야

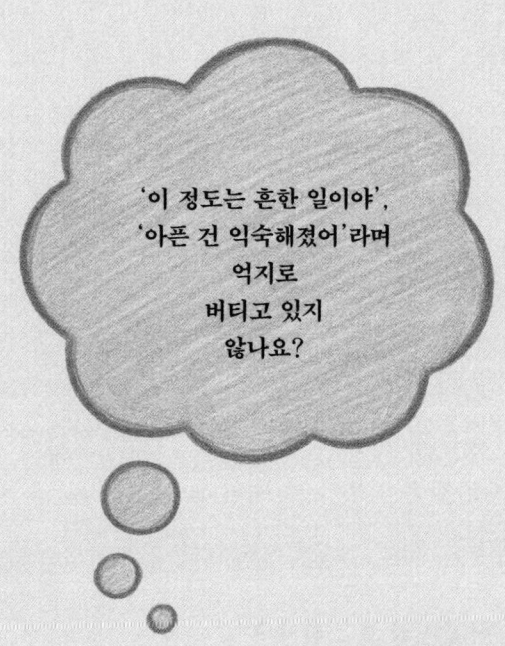

압박을 받으면 배가 아픕니다. 걱정거리가 있으면 잠을 못 잡니다. 사람은 좀 그런 부분이 있지요. 생각해 보면 저도 학창 시절 운동부 활동을 하면서 시합 직전이 되면 화장실에 가고 싶어지곤 했습니다. 중요한 시합이라는 생각만으로도 몸이 잔뜩 긴장하게 되는 거죠.

말할 것도 없이 사람이란 '몸'과 '마음'이 '일체'로 움직이는데, 사실 컨디션 난조는 몸쪽에 먼저 나타나기 쉽습니다.

전형적인 증상으로는 가장 먼저 '눈이 피곤하다', '왠지 몸이 찌뿌둥하다' 같은 불쾌한 감각이 느껴지고, 다음으로 '허리가 아프다', '위가 아프다', '머리가 아프다', '배가 아프다' 등의 증상이 나타나기 시작합니다. 머릿속은 그 통증으로 가득합니다. 모든 집중이 통증으로 쏠리면서 집안일도 회사 업무도 질이 떨어지기 시작합니다. 그러다 보면 기력도 서서히 떨어져서 일을 쉬게 되는 경우가 많지요. 게다가 생활의 질이 떨어지기 때문에 멘탈도 무너집니다. 무기력한 상태에 박차가 가해지면서 결국에는 이불에서 나오지 못하는 사태를 피할 수 없습니다.

이 상태가 되기 전, 즉 '어떠한 컨디션 난조'를 느낀 시점에 '어? 나 어쩌면 너무 애쓰고 있었는지

도?' 하고 자신의 생활을 되돌아봤으면 합니다.

특히 여성은 신체 기관이 복잡합니다. 복잡하다는 것은 다시 말해 망가지기 쉽다는 뜻입니다. 여성은 자궁을 가지고 있어서 호르몬 밸런스가 깨지기 쉬운데, 그렇게 되면 바로 컨디션 불량이나 감정의 불안정으로 이어집니다.

'이 정도의 컨디션 난조는 자주 있는 일', '아픈 건 익숙해요!'라며 억지로 버티는 여성이 많은데, 컨디션이 나쁜 것을 '일반적'이라고 생각하지 마세요.

'아니요, 생활에는 지장 없는 수준이니 괜찮아요!'라며 참다 보면, 금세 용량이 초과되어 어느 날 갑자기 빠직하고 꺾여 버릴 거예요. 몸에 나타나는 사인을 쉽게 보면 안 됩니다.

한번은 "매일 머리가 아파서 아무것도 할 마음이 안 들어요"라고 호소하는 환자가 찾아왔습니다. 유키 씨(당시 44세)입니다. 시술을 거듭하는 동안에 유키 씨의 컨디션 불량의 원인이 시어머니와의 동거 생활에 있다는 사실이 보이기 시작했습니다. '시어머니의 목소리를 듣는 것만으로도 두통이 생긴다'라고 하더군요.

몸이 안 좋다고 느낄 때는 먼저 몸쪽으로 접근해 보면 좋습니다. 침구 치료로 혈류를 개선하는 방법도 효과적입니다. 혈류가 원활해지면 단순히 기분이 좋아지거든요. 그러면 기력이 생깁니다. 기력이 생기면 싫은 것을 박차고 나갈 수 있는 힘이 솟아나지요.

예를 들어 반론을 한다거나, 듣고 흘려보낸다거나 하는 식으로요. 그렇게 되면 내 안의 축이 되살아나서 쉽게 흔들리지 않을 수 있게 되는 겁니다.

자신의 축을 기준으로 살기 위해, 즉 '나는 어떻게 하고 싶은가?'를 깨닫기 위해 필요한 것은 에너지인데, 컨디션 난조에 빠진 사람은 예외 없이 에너지가 바닥 난 상태입니다. 사람의 몸에는 눈에 보이지 않지만 '기氣'가 돌고 있습니다. '원기', '용기'와 같은 단어에 있는 '기'입니다. **이 기는 불안이나 나쁜 환경 속에 있으면 점점 고갈되어 끝내 '방전' 상태에 놓이게 됩니다. 그렇게 되면 '나는 어떻게 하고 싶은가?'라는 중요한 기준조차 생각할 수 없게 되는 것입니다. 결과적으로 '떠내려가는 나'가 완성됩니다.**

유키 씨가 겪는 두통의 원인은 '시어머니와의 동거'. 이것이 지금 자신이 처한 상태입니다. **필요한 것은 '나는 어떻게 하고 싶은가?'라는 의사의**

확인입니다. '시어머니의 목소리를 듣고 싶지 않다'→'분가한다'라는 생각이 머릿속에 떠올랐지만 이런저런 사정 때문에 분가할 수도 없고, 사방팔방이 다 막혀 속수무책인 듯했지만 유키 씨는 생각을 고쳤습니다.

'그래! 시어머니에게 영향받지 않는 마음의 이상적인 상태를 생각해 보자'라는 방향성이 떠올랐고, 시술을 통해 몸 컨디션도 좋아지기 시작한 어느 날 시어머니에게 반격의 신호탄을 쏘아 올렸습니다. 무려 시어머니의 말을 듣기만 하는 것을 그만두고 반박을 한 겁니다. 시어머니는 잠깐 놀란 듯했지만, 의외로 "그러네, 네 말도 일리가 있어"라며 이해하는 반응을 보였다고 합니다.

"동거 10년, 참는 게 당연하다고만 여기며 살았어요. 저는 피해자라고만 생각해 왔는데, 잘못된 생각이었던 것 같아요. 시어머니를 피했던 건 제 마음이 약해서였다는 사실을 깨닫게 된 거예요. 저, 조금은 강해진 느낌이 들어요."

유키 씨는 이제 두통 증상도 나았고, 시어머니가 하는 말이나 행동도 '뭐, 괜찮아' 하고 흘려보낼 수 있을 정도로 크게 신경 쓰지 않게 되었다고 합니다.

이렇게 해서 유키 씨는 컨디션 난조를 극복하기

시작했습니다.

몸이 아플 때는 괴롭기는 해도 자신에게 지장을 주고 있는 진짜 원인을 알아차릴 수 있는 인생의 터닝 포인트라고도 할 수 있습니다. **몸과 마음이 정돈되면 자기 자신도 되찾을 수 있으니, 당신은 발걸음을 힘차게 내디디며 앞을 향해 나아갈 수 있게 될 거예요.**

자, 먼저 몸이 하는 소리를 잘 듣고, 몸의 상태를 정돈해 나갑시다.

> From Atsuko
>
> **자, 자신을 위해 에너지를 높여 가는 거예요!**

12. 수면 부족이 나쁘다는 건 알지만……

나홀로 반성회의 밤은 깊어져 가고

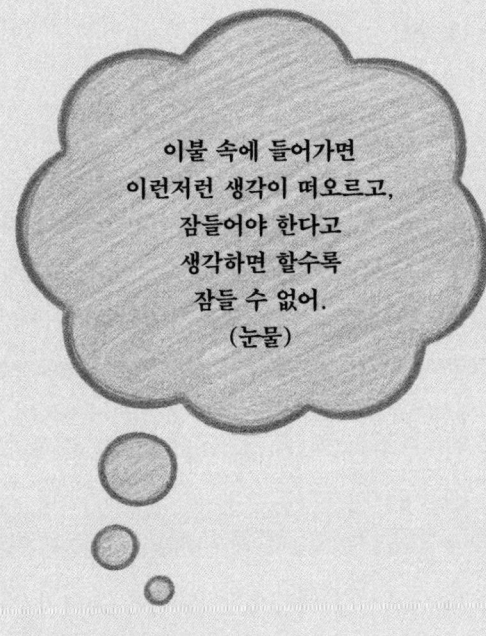

이불 속에 들어가면
이런저런 생각이 떠오르고,
잠들어야 한다고
생각하면 할수록
잠들 수 없어.
(눈물)

아무래도 반성회는 밤에 하게 됩니다. 혼자가 될 수 있는 시간은 밤밖에 없으니까요. 즉 나 홀로 반성회는 심야에 개최 단행. 자야지, 하고 이불 속으로 들어가는 것까지는 좋았는데, 그때부터 이런저런 생각이 떠오르고, 자야 한다고 생각하면 할수록 잠들 수 없는 밤. 이건 또 데자뷔인가,라고 할 수 있을 정도로 반복되는 장면이지 않을까 싶습니다.

후생노동청(우리나라의 보건복지부·고용노동부에 해당하는 일본의 행정조직-옮긴이)의 건강정보 사이트에 따르면, 일하는 일본인 여성의 수면 시간은 세계에서 가장 짧다고 합니다. 가사와 육아의 부담이 크다 보니 평일·주말에 관계없이 만성적인 수면 부족 상태가 된다는 이야기입니다.

이는 마치 국가가 '거기, 현모양처, 일 너무 많이 하고 있어요!'라고 인정해 주고 있는 것처럼 받아들여야 할까요? 그렇다면 '어떻게 좀 해 봐!'라는 생각이 드는데, 어쨌든 지금은 국가에 기댈 상황도 아닌 듯하니 자력으로 어떻게든 해 보는 게 우선입니다.

이 사이트에 따르면 '만성적인 수면 부족은 낮 동안의 졸음이나 의욕 저하·기억력 감퇴 등 정신 기능의 저하를 일으킬 뿐만 아니라, 체내 호르몬 분비 및 자율신경 기능에도 큰 영향을 미친다'고 합니다. 또 무서운 점이 수면이 부족하기만 해도

'식욕을 억제하는 호르몬이 감소하고 반대로 식욕을 높이는 호르몬은 항진하기 때문에 식욕이 증대된다'는 사실. 이건 정말 큰 문제입니다. 수면 부족 하나로 불편함 한가득!

여러분은 개일리듬槪日rhythm이라는 말을 들어 본 적 있나요? 서캐디언리듬circadian rhythm이라고도 부르는 체내 시계를 말합니다. 사람은 잠이 오거나 눈이 떠지거나 배가 고프거나 하는 일상을 자연스럽게 반복하고 있고, 이는 25시간 주기라고 합니다. 하루는 24시간이니까 조금씩 어긋남이 발생하는데, 인간은 동조인자의 자극을 받아서 25시간을 24시간 사이클로 조절하는 기능을 탑재하고 있습니다. 이른바 시차 증후군 수정 장치입니다. 이 동조인자의 대표적인 예가 아침의 태양, 식사, 운동입니다. 전문가들이 건강을 지키기 위한 3가지 신의 무기로 '수면·영양·운동'을 꼽는 이유를 알 수 있겠지요.

그렇다고 해도 잠들 수 없는 건 잠들 수 없는 것. '잠들 수 없는데 대체 어떻게 하란 말이야, 이런 나를!'이라는 생각이 듭니다. 그럴 때 필요한 것이 침 치료입니다. 침구는 혈류를 원활하게 하는 효과가 뛰어나서 불면에도 힘을 발휘합니다. 실제로 불면이라는 고민을 안고 이곳을 찾는 환자도 많습니다.

불면을 겪는 사람은 두 가지 타입으로 나뉘는데, 하나는 신체적인 컨디션 난조가 원인이 되어 혈류가 나빠진 경우. 또 하나는 정신적인 면에서 문제가 있는 경우입니다. **끙끙대는 타입, 또는 '끼익' 하고 날카로워지는 타입은 불면으로 고생할 확률이 높습니다.**

소풍 전날에 잠들지 못한 경험을 해 본 사람도 있을 텐데, 인간이란 흥분하면 잠들 수 없는 법입니다. 소풍 전날 밤처럼 두근거림 때문이라면 하루 정도 뭐 어때, 하겠지만, 교감신경이 우위에 있는 상태가 길어지면 잠들 수 없습니다. 혈관이 좁아지면서 피의 순환이 나빠지고 손발도 차가워지는 악순환으로 결국 잠들지 못한 채 피로가 쌓이기 쉽습니다.

그런 의미에서 점점 잠을 깨우는 나홀로 반성회는 양질의 수면을 저해하는 금지 행위일지는 몰라도, 자기 자신에 대해 생각하는 것은 바람직한 일입니다. **이런저런 생각이 떠오르겠지만 '아! 지금 나는 한창 나 홀로 반성회 중인 건가'를 염두에 두고 떠올랐다 사라져 가는 사고를 멍하니 바라보고 있으면**

됩니다.

그런 날도 있습니다.

그럴 때는 불필요한 신경은 쓰지 않겠다는 걸 의식해 보세요.

> **From Atsuko**
>
> **잠이 안 오면 그냥 멍하니 넷플릭스나 보고 있으면 되잖아?**

3장

불안에 마음을 빼앗기지 않는 레슨

13. 그 사람이 부러워서 견딜 수 없다?

연중무휴의 비교장치를 평생 달고 살 작정?

저쪽 물은 쓰다,
이쪽 물은 달다며
우왕좌왕.
멈출 방법은 없는 걸까.

여자는 감수성이 뛰어난 생물이기 때문에 여러 상황을 민감하게 알아차릴 수 있습니다. 이는 자식을 지키고자 하는 본능에서 비롯된 '여성의 특성'이라는 말도 있지요. 하지만 때로는 이러한 기능에 스스로 질려 버릴 때가 있지 않나요?

'아~ 저 사람 또 신상 명품 가방 들고 있어. 돈이 많구나……'

'좋겠다. 저 집은 남편이 참 자상한 것 같네' 하고 말이죠.

그리고 '그에 비해 나는……' 하고 마음대로 주눅 들었던 경험, 많이들 공감하지 않을까 싶습니다.

남과 비교하면서 '나만 가진 것도 없고, 그 무엇도 만족스럽지 않아'라는 생각에 기분이 바닥을 치는 날도 있습니다.

하지만 그 사람이 정말로 유복한지 어떤지는 사실 알 수 없고, 그 남편이 정말로 온화한 사람인지 어떤지도 같이 살아보지 않으면 판단할 수 없다는 건 자명한 이치입니다. 그런데도 머릿속에서는 멋대로 단정 짓기를 멈추지 않습니다.

'모두가 다르고, 모두가 좋다'는 가네코 미스즈 金子みすゞ의 시도 알고 있는데, 마음은 이따금 '나는 무가치'라는 자학 스탬프를 찍으려 합니다. 그

러면서 괜히 더 자신을 몰아붙이게 되는 악순환입니다.

이는 내 안에 있는 '자꾸 비교하게 된다'라는 스위치를 끌 수만 있으면 만사 해결이지만, 이런 부분일수록 꼭 능력을 발휘하게 되지요.

얼마 전 한 어머니가 자신의 30대 딸이 결혼을 하지 않아서 너무 걱정이라며 상담한 적이 있습니다. 이야기를 들어 보니 그 딸은 지금 결혼 생각이 없는 것 같길래, "무리해서 억지로 결혼할 필요도 없지 않나요?" 하고 조심스럽게 이야기했더니 그 어머니는 이렇게 말씀하셨습니다. **"제 친구들은 다들 손주가 있다고요!(나만 없는 건 너무 쓸쓸해!)"**

저도 싱글이다 보니 지금도 가끔 "좋은 사람 없어?", "노후에는 외로워" 하고 걱정해 주는 사람이 나타납니다. 세상 사람들의 눈에는 '평범하지 않은 인생'으로 비치는 걸까요······.

지금 제가 혼자라는 건 사실입니다. 그런데 말이죠, 사실은 그저 사실일 뿐, 그 이상도 이하도 아닙니다. '결혼한다', '아이를 갖는다', '손주를 품에 안는다'라는 삶의 방식도 물론 훌륭합니다. 하지만 저에게는 그런 인생을 살고 싶다는 바람이 없었습니다. 그뿐입니다.

하지만 그렇게 말해도 아직까지 사람들의 마음속에는 '이것이 표준'이라는 사상이 뿌리 깊어서, 그 한계치(경계가 되는 값)를 자기 멋대로 정해 놓고는 '위다, 아래다' 하고 웅성거리는 상황은 끊임없이 벌어집니다.

전래 동요 〈반딧불 오라(ほたるこい)〉의 가사는 아니지만, '저쪽 물은 쓰다', '이쪽 물은 달다'며 우왕좌왕하는 일을 멈추는 방법은 없는 걸까요.

듣기로는 반딧불이 성충의 수명은 약 2주간. 이 짧은 기간 동안 파트너를 찾기 위해 빛을 낸다고 합니다. 보기에 따라서는 이 사이 전력을 다해 사는 거라고도 할 수 있습니다. 반딧불이가 되어 본 적이 없으니 그저 상상일 뿐이기는 하지만, 아마도 현실의 반딧불이는 다른 반딧불이가 사는 모습을 의식하지 않고 자기 생에만 최선을 다하지 않을까 하는 생각이 듭니다.
"저 반딧불이 더 빛나고 있어! 좋겠다"라면서 부러워하고 있을 여유는 아마 없지 않을까요.

사실 사람도 마찬가지일지 모릅니다. '저쪽이 더 빛나고 있으니까, 교환해 줘!'와 같이, 다른 사람과의 인생 체인지가 가능하지도 않습니다.

 그렇다면 다른 사람과 비교해서 자신의 처지를 한탄하기보다는 자기 자신을 더욱더 사랑하는 편이 오히려 인생은 더 아름답게 빛나지 않을까요.

 모든 것에는 좋고 나쁨도, 위아래도 없습니다. 있다고 한다면 그걸 '문제라고 받아들이는 자신의 마음'만 있을 뿐입니다. 그런 마음이 쓸데없는 불안이나 초조함을 불러들이고 있다는 생각도 듭니다.

 《나는 고양이로소이다》에서 나쓰메 소세키는 '만사태평해 보이는 사람도 마음속을 두드려 보면, 어딘가 슬픈 소리가 난다'고 했습니다.

 인생, 누구나 저마다의 힘듦이 있고 누구나 저마다의 행복이 있습니다. 이런 거 저런 거 다 포함해서 나의 길을 걸어가는 수밖에 없다고 생각합니다.

> **From Atsuko**
>
> **인생은 누구와도 비교할 필요 없이, 자신이 믿는 길을 걸어가면 OK.**

14. 디지털 디톡스 추천

요즘 같은 세상, 굳이 자연인이 되어 본다

세상에는 너무나도 많은 정보가 넘쳐납니다.

SNS는 24시간 연결되어 있다 보니 바로 답을 하거나 댓글을 달지 않으면 안 될 것 같은 분위기도 왠지 모르게 있습니다. 알림이 울리면 바로 확인하지 않고는 못 배겨서, 결과적으로는 틈만 나면 스마트폰을 만지작거리고 있는 사람 쪽이 지금은 다수파인지도 모릅니다.

아무리 그렇다고는 해도, 요즘 사람들은 '뭔가를 하지 않으면 안 되는 병'에 걸려 있는 듯합니다. '아무것도 하지 않는 것'을 '나태'로 받아들입니다. 그러다 보니 꼼짝도 못 할 만큼 피곤한 상태인데도 '나태해지면 안 돼' 하고 스스로를 계속 밀어붙입니다. '뭔가 하지 않으면 안 돼'↔'하지만 움직일 수 없어' 하는 상태일 때 딱 좋은 해결책이 스마트폰이 아닐까 하는 의심이 들 정도입니다.

정보 수집과 정보 발신의 역할을 동시에 하는 커뮤니케이션 툴을 다루는 것은 어떤 의미에서는 '지적 행동'이라고도 할 수 있기 때문입니다. '필요하다고! 쓸데없는 게 아니야!'라는 변명에 안성맞춤인지도 모르겠습니다.

하지만 피곤할 때는 어떤 일에 관해 고찰할 수 있는 여유 공간이 뇌 안에 남아 있지 않은 상태입니다. 그런데도 대량의 정보가 계속해서 들어오면 뇌는 정리되지 못한 채 과열을 일으킵니다.

작년, 심장이 빠르게 뛰는 동계 증상으로 컨디션이 좋지 않다며 내원한 게이코 씨(38세)는 자타공인 SNS 중독자였습니다.

"저도 알아요! SNS 같은 거 보고 있어도 기분 좋아지는 정보 따위 아무것도 없다는 것쯤은요······하지만 뭔가 체크하는 걸 도저히 멈출 수가 없고, 그러고 있다 보면 얼마나 쓸데없는 시간을 보낸 건가 싶어 자기혐오에 빠지고, 그것 때문에 아침에 제때 일어나지 못해서 지각도 하고, 아, 이미 인생이 꽉 막혀버린 느낌이 드는데 말이죠······그러고서 정신 차려 보면 또 역시나 스마트폰을 들여다보고 있고······(이하 생략)"

잘 알아요. 모름지기 사람이란 '하면 안 돼' 하는 대상에 특히 더 '집착'하게 되는 생물이니까요.

저는 SNS에도 적합한 사람이 있고 부적합한 사람이 있다고 생각합니다.

어떤 분야의 인플루언서에게 들은 이야기인데, SNS는 '능동적인가 수동적인가'에 따라 완전히 다른 것이 된다고 합니다. 그녀는 'SNS는 발표회로 내 발신을 즐겨 주는 사람이 있다는 건 물론 기쁜 일이지만, 그보다는 스스로 즐겁다고 느끼는지 어떤지가 중요'하다고 분명하게 말했습니다. 그러니까 'like'의 반대인 'dislike'의 반응이 와도 '반응 땡큐!' 정도 이상으로는 생각하지 않는다고 합니다. '좋아요'의 반대는 싫어하는 것이 아니라 '무관심'이기 때문에 반응은 '관심'이라고 받아들이는 듯합니다.

앞서 11항에서도 이야기했는데, 인생을 즐기기 위해서는 '자신의 축'이 필요합니다. 그 인플루언서는 '나는 어떻게 하고 싶은가? 어떻게 하면 즐거워질까?'에 대해 분명히 알고 있다는 생각이 듭니다. '다른 사람에게 휩쓸리지 않는 나를 갖는 것'으로 '자기 의사대로 길을 가고 있다' 하는 실감을 얻을 수 있습니다. 이렇게만 할 수 있으면 하루하루가 즐겁겠지요.

한편 SNS상에서의 무관심을 두려워하고, 모르는 사람이 쓴 생각 없는 코멘트에 회복이 힘들 정도의 충격을 받기도 하고, 무반응에 절망하기도 하는 날들을 보내던 게이코 씨.

회복될 수 있었던 계기는 의외의 곳에 있었습니다. 캠핑하러 갔다가 캠핑장에 있는 강물에 스마트폰을 떨어뜨린 것입니다. 스마트폰이 망가지는 바람에 그날은 하는 수 없이 가만히 앉아 불멍을 하는 처지가 되었습니다. 하지만 그러는 동안에 '이렇게 마음이 편하다고 느낀 게 얼마 만인지 모르겠다'라는 생각이 들었다고 합니다. 그야말로 모닥불이 가진 '1/f 흔들림(자연의 소리에 담긴 파장으로, 사람의 마음을 안정시키고 기분을 쾌적하게 한다-옮긴이)의 효과'가 아니었을까요.

'어서 와, 나 자신!' 하는 기분이 들었다고, 게이코 씨는 말했습니다.

물론 지금도 여전히 게이코 씨의 일상에는 스마트폰이 함께하고 있지만, 시술을 받으러 오는 게이코 씨의 인상은 지금까지와는 다른 느낌입니다.
'보잘것없는 나'와 마주한다는 건 힘든 일이지만, 그 또한 '있는 그대로의 나'입니다. 가끔은 자신을 부정하지 않고, 그저 그대로의 시간을 맛보며 보내는 것도 좋답니다.

오늘 밤에는 모닥불 영상이라도 보면서 한잔하면 어때요?

> **From Atsuko**
>
> 밤 12시까지는 화장을 지우고 이불 속으로 GO,
> 스마트폰은 꺼 보세요.

칼럼 5 여자는 늘 위장이 안 좋다

갱년기에 자율신경계의 활동이 악화되면 위장의 불편함을 느끼는 일이 잦아집니다. 설사를 하거나 변비에 걸리는 등 배변 활동이 불편해지다 보니 위의 컨디션도 망가지곤 합니다.

이러한 증상으로 고민하는 사람의 대부분은 복부가 딱딱하고 차갑습니다. 만져 봤을 때 '찬데!?' 하는 느낌이 들 때는 뜸이나 드라이어를 이용해서 따뜻하게 해 주면 좋습니다.

특히 뜸은 혈자리를 자극해서 혈행을 원활하게 하고 우리 몸이 가지고 있는 자연 치유력을 높이는, 수천 년의 역사를 지닌 전통적인 요법입니다. 즉 확실하게 안심할 수 있으면서 간편하기까지 한 방법입니다.

'혈류의 개선', '면역력 향상', '진통 작용'이 뛰어나서 뜸만으로도 괴로운 증상이 서서히 완화됩니다. 위장뿐만 아니라 내상의 기능노 선반석으로 향상됩니다. 게다가 몸이 무겁게 느껴지는 증상에도 효과를 발휘하니 만능 건강 서포터라고 할 수 있는 포지션이지요.

'아~, 배 쪽이 뭔가 불편해!'라고 느낄 때는 약국으로 달려갑시다. 요즘은 뜸도 다양한 형태로 진화해서 불을 쓰지 않는 타입이나 향이 첨가된 아로마 타입 등 종류도 다양합니다.

뜸을 뜨는 부위는 그렇게 깊게 생각하지 않아도 됩니다. '여기가 찬 것 같아', '여기가 좀 아픈 것 같은데' 하고 느껴지는 내장 부위에 몇 개씩 시험해 보세요. 뜨거울수록 효과가 있는 것이 아니라 적당히 기분 좋다고 느끼는 범위가 알맞은 온도입니다. 혈행 불량이 많이 진행된 사람일수록 뜨거움을 잘 못 느끼는데, 그날의 컨디션, 기온, 습도, 물론 혈자리의 위치에 따라서도 느끼는 정도가 달라지니 느낌이 딱 오지 않을 경우에는 도중에 위치를 바꿔도 괜찮습니다.

반응이 빨리 오는 사람이라면 다음 날부터 '어? 뭔가 느낌이 좋은데!?' 하고 효과를 실감하지만, 뜸 역시 '지속이 힘'입니다. 식사나 입욕 직후는 피하고, 우선 몇 주 동안 꾸준히 해 보세요.

갱년기의 부정수소에도 효과가 매우 뛰어나니 뜸으로 천천히 혈자리를 자극하면서 힘을 빼 봅시다.

캐주얼한 뜸으로 따뜻하게 하자

15. 좋은 여자는 '과거 완료형'

참으니까 아프다. 한번 터트려 보면?

참고 견디는 게
이제 디폴트값이 되었다니,
요즘 같은 시대에
어떨까 싶습니다만……

그야 사람이니, '나쁜 여자'로 보이기보다는 '좋은 여자'로 보이고 싶지요.

그런데 말이죠, 가끔 드는 생각인데 '좋은 여자'란 때로는 '편리한 여자'로 문자 변환이 이루어지는 느낌이 들지 않나요?

'좋은 여자'이고 싶다는 일념으로 늘 애쓰는 여자가 많습니다. 생리통으로 쓰러지기 직전인데도 '괜찮아! 열심히 할 거야!'라며 파이팅 포즈를 취하기도 하지요. 당신은 마치 KO 직전의 복서냐고 꼬집어 말하고 싶어질 때도 있다니까요.

'여기서 말대꾸하면 속이 시원할 텐데'라고 생각하면서도 참고 말을 삼키기도 합니다. 몸도 마음도 아프면서 '보란 듯이 견뎌내겠습니다! 여자니까요!'라니, 요즘 같은 시대에 전통가요에서도 이런 가사는 안 나오는데. 대체 왜 그러는 걸까요. 참고 견디는 게 이미 습관이 되어 버린 거죠.

그러는 동안 주변 사람 또한 당신을 '무리한 요구를 해도 괜찮은 존재', '뭘 해도 받아들이는 사람'으로 인식하기 시작하고, 어느새 그것이 '당연'해지기 쉽습니다.

만약에 말인데요, 심부름 센터 노릇에 지쳤다면 한번 폭발해 보는 것도 괜찮습니다.

친구 중에 사이 씨라고 '좋은 여자'가 있는데,

옆에서 봐도 가부장적인 남편을 잘 보필하는 정숙한 아내입니다. 그런 사이 씨가 결혼 이래 처음으로 남편에게 폭발한 사건이 있었습니다.

갱년기 증상이 심각해지면서 그날따라 몸이 너무 안 좋았는데, 그럼에도 불구하고 남편의 저녁 식사 준비를 하고 있었다고 합니다. 하지만 역시나 그녀답게 '아, 근데 뭔가 한 가지 부족하다 싶은데' 하고 남편을 생각하는 마음에 자전거를 타고 마트에 가서 감자샐러드를 사 왔다고 해요.

그런데 남편이 한 입 먹자마자 "이거, 직접 만든 거 아니지?" 하고 구시렁댔나 봅니다.

뭐 남편 입장에서는 '늘 먹던 맛이랑은 다르네'라는, 단순히 머릿속에 떠오른 '맛의 차이'를 지적한 것뿐이겠지요.

하지만 그 한마디로 사이 씨의 지뢰가 폭발. 결혼 생활 15년 만에 처음으로 남편에게 폭발해서 "(나한테) 사과해!"라고 소리쳤다고 합니다. 놀란 건 남편 쪽이었는데, 결국은 "당신의 배려를 짓밟아 버려서 정말 미안해"라며 고개를 숙였다는 이야기.

물론 화를 내지 않고 "그 태도는 뭐지" 하고 냉

정하게 지적할 수 있었다면 가장 좋았겠지만, 역시 '좋은 여자'는 이성이 작동하고 있어서 말이죠, 기세가 없으면 말을 뱉어내지 못하는 면이 있습니다. 그렇다면 이런 타입의 여성은 사이 씨처럼 '기세'를 이용하는 방법밖에 없습니다.

역시 인간관계는 굴곡 없이 평탄한 쪽이 기분 좋은 법. 거리낌 없이 뭐든지 이야기할 수 있고, 진심으로 함께 상의하고, 쓸데없는 생각은 하지 않고 같은 순간을 공유할 수 있는 관계성이 이상적인데, 그렇게 되기 위해서는 '서로 표현할 수 있는 존재'가 되려는 노력도 필요합니다.

경우에 따라서는 그 참을성 많은 성격이 마음을 솔직히 터놓을 수 있는 사람을 멀어지게 하는 원인이 될 수도 있습니다. 보세요, 이렇게들 말하잖아요. '비 온 뒤 땅이 굳는다'라고. 그런 의미에서도 사이 씨의 '폭발 사건'은 적절한 타이밍에 일어난 일이었다고 생각합니다.

이 이야기에는 사실 이어지는 스토리가 있는데, 사이 씨의 훌륭한 점은 이뿐만이 아니었습니다.

'이해해 줬으니 이 일은 이제 두 번 다시 문제 삼지 않겠다'라고 마음속으로 맹세했다고 하니, 아주 훌륭합니다.

'좋은 여자'란 그런 면이 있는 것 같습니다.

'이건 너무나도 불합리해!', **'나는 멸시당하고 있어!'라고 느꼈다면 정정당당하게 의견을 말합니다. 하지만 결코 그 일을 언제까지나 질질 끌지는 않지요.** 과거의 기억도 순식간에 해동해서 언제 어디서든 뜨끈뜨끈하게 만들 수 있는 것이 여자의 특성이기는 하지만, 굳이 그렇게 하지 않는 부분에서 '정수'를 느낄 수 있습니다.

만약 당신이 '그날, 그때, 그 순간, 당신은 나에게 이렇게 말했어!'라고, 몇십 년이 지난 후에도 어제 일어난 일처럼 재현할 수 있는 특기를 가졌다면 잠깐 멈추세요.

재생 필름도 몇 번씩 사용하면 빛이 바랩니다. 그 빛바랜 장면을 계속 보는 입장에서는 고통일 수밖에 없으니, 결과적으로 인간관계는 악화되어 갈 뿐입니다.

'좋은 여자'는 불평불만을 한 방에 KO로 해치웁니다. '감자샐러드'는 그 자리에서 다 먹고 냉동 보관하지 않을 것.

이 한 가지 사건 이래 사이 씨 부부는 사이가 더 좋아졌고, 곧 나오는 설혼 15수년을 기념해 온천 여행을 간다고 합니다. 해피 엔딩!

> **From Atsuko**
>
> **좋은 여자, 사건은 그 자리에서 해결하기로!**

16. 이유를 알 수 없는 불안이 멈추지 않는다!

셀프 실황 중계는 사고의 정돈에 효과적

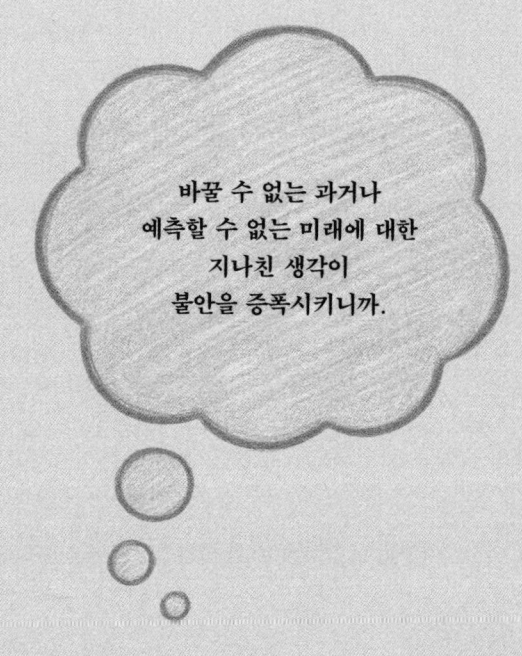

바꿀 수 없는 과거나
예측할 수 없는 미래에 대한
지나친 생각이
불안을 증폭시키니까.

여성은 감성이 풍부합니다. 여러 가지에 신경이 쓰이다 보니 그럴 때마다 생각은 솟아오릅니다. 그리고 그 정체가 무엇인지 확인하지 않고는 못 배겨서 흘러넘치는 생각을 입으로 내뱉고 마는 생물입니다.

아주 먼 옛날, 남자들이 사냥으로 집을 비울 때면 남겨진 여자들은 환경의 섬세한 변화를 알아차리는 즉시 서로 공유하면서 위험한 상황인지 어떤지를 예측하고자 했습니다.

그 영향으로 지금도 아는 사람끼리 세상 돌아가는 이야기를 하면서 지금 처한 상황의 위험도를 자기 나름대로 정리하고 판단하려 하는 게 아닌가 싶습니다.

그래서 그런지 여자들은 모이기만 하면 무리 지어 수다를 떨곤 하지요.

하지만 얼마 전까지 팬데믹으로 인해 믿기 힘들 정도로 가족, 친구들과 단절된 채 지낸 사람이 많았습니다. 다른 사람과 대화를 나누며 마음의 균형을 유지하는 것이 여자의 특성인데, 시기적으로 그렇게 하기 힘들어지다 보니 불안해지는 것은 당연합니다.

그렇지 않아도 갱년기는 '이유를 알 수 없는 불안'에 위협받는 시기입니다. 그 이유는 여성 호르몬의 감소입니다. 폐경이 가까워지면 난소에서 여성 호르몬인 에스트로겐을 분비하기 힘들어지는데, 뇌는 계속 여성 호르몬을 내보내도록 명령하고 있는 상태이지요. **하지만 지령을 내린다 한들 그대로 실행되지 않기 때문에 뇌는 큰 혼란을 겪습니다.**

게다가 마음의 밸런스를 정비해서 행복을 잘 느낄 수 있게 만드는 작용을 하는 '행복 호르몬=세로토닌'은 에스트로겐과 연계되는 특징이 있어서, 에스트로겐 수치가 떨어지면 세로토닌이 분비되는 양도 줄어듭니다. **세로토닌이 부족하면 정신의 밸런스가 무너져 '불안의 습격'을 받기 쉬워지는 구조입니다.**

이처럼 가만히 있어도 불안정한 시기인 갱년기 세대 여성들에게 팬데믹은 불안에 박차를 가하는 상황을 만들어 버렸다고 할 수 있습니다.

우리 침구원에도 '불안'을 호소하며 찾아오는 환자가 늘었습니다.

"선생님, 말로 잘 표현할 수는 없지만, 이 부분이 뭔가 이상해요"라며 가슴을 누르는 사람이 많습니다.

'병원에서 검사를 받았고. 병이 아니라는 말을 들었다'라면 일단은 안심이고, 그다음으로 필요한 것은 마음을 차분하게 하고 조바심 내지 않기입니다. 어떤 방법이라도 좋으니 할 수 있는 한 긴장을 풀어 주세요.

시술대 위에 누워 있으면 마음이 무방비 상태가 되어서인지 아픔의 진짜 원인이라고 생각되는 부분에 대해 조금씩 이야기를 풀어 놓는 환자도 있습니다. 저는 "응응", "그랬구나, 그랬어" 하고 중얼거리는 경우가 많은데, 그럴 때 환자는 저를 상대로 이야기하고 있는 듯하지만 실은 자기 자신과 대화하고 있는 게 아닌가 싶어요.

침구원이란 본래 시술사와의 대화를 통해 현재의 자기 자신과 마주하는 장소라는 생각이 듭니다.

그런데 말이죠, 침구원에 찾아오지 않더라도 자신의 현재와 대화할 수 있습니다. 첫 단계는 지금 자신의 움직임을 있는 그대로 소리 내어 말하면서 잠시 몇 분 정도 실황 중계해 보는 겁니다.

"지금 나, 마사미는 커피를 마시려고 머그컵을 꺼냈습니다"와 같은 식으로요.

이는 마인드풀니스Mindfullness에서 자주 추천하는 방법인데, 자신이 '불안 덩어리'가 되어 있을 때 효과적입니다.

느낀 그대로 "마사미가 양손으로 움켜쥔 이 머그컵……. 따뜻해. 머그컵은 따뜻합니다" 하고 입으로 내뱉습니다.

'따뜻하다'라고 생각한 것에는 좋음도 나쁨도 없습니다. 거기 있는 것은 '따뜻하다'라고 느낀 당신과 머그컵뿐입니다.

셀프 실황 중계의 장점은 어떠한 조작도 개입되지 않은 상태로 일어난 사건만을 담담하게 해설하는 과정을 통해 혼란스러워지기 쉬운 사고에 일단 스톱을 걸 수 있다는 점입니다.

이미 일어난 '과거'나 무슨 일이 일어날지 모르는 '미래'에 대해 지나치게 생각하는 것이 불안을 증폭시키므로, 그것을 일단 그만둬 보기.

그렇게 해 보면 '아, 나 지금 따뜻하다고 느끼고 있어!'와 같이, 지금 이 순간 자신의 기분을 인식할 수 있게 됩니다.

이런 과정에 익숙해지는 동안에 '아, 나 저건 싫다고 느끼고 있어'라든지, '아, 나는 저 한마디에 짜증이 난 건가'와 같이, 자신의 기분을 서서히 정리할 수 있게 됩니다.

만약 이유를 알 수 없는 불안이 들이닥친다면 불안에 마음을 점령당하지 않도록 현재 진행형의 실황 중계에 집중해 봅니다.

불안은 실황 중계로 흘려보냅시다.

> From Atsuko
>
> **솟아오르는 그 생각을 입으로 내뱉어 보면,
> 불안이여 안녕.**

17. 한숨과 눈물은 몸에 좋다!

산소 결핍을 피하기 위한 '하아~',
감정 방출을 위한 '울기'

눈물이 무심코
차오른다면
그것이 회복을 향한
한 걸음.

'한숨을 쉬면 행복이 달아난다'라는 말이 있는데, 침구사의 입장에서 말하면 '한숨은 몸에 좋다'라고 할 수 있습니다.

왜냐하면 그 한숨은 몸이 보내는 중요한 사인이기 때문입니다. 한숨이란 걱정거리가 있을 때나 근심이 쌓여 있을 때, 또는 실망했을 때 나오는 경우가 많은데, 영화를 보고 감동했을 때나 압박으로 인한 긴장이 풀렸을 때와 같은 상황에서 나오기도 하지요.

이게 참 재미있는 게, 한숨을 내쉴 때는 대부분 무의식적입니다. 내쉬려고 생각하고 의식적으로 하는 행위가 아니라 대부분은 ''생각해 보니'→'하아~'가 나와 버렸네!?' 하는 식입니다.

마음보다 몸이 먼저 반응하는 하나의 사례이면서 인체의 신비이기도 한데, 한숨의 역할로는 '산소 결핍 상태의 개선'과 '자율신경의 밸런스 유지'를 들 수 있습니다.

사람은 기분이 처져 있을 때는 고개를 숙이고 있습니다. 그 자세가 폐를 압박해서 호흡이 얕아지는 것입니다. 즉 산소 결핍의 상태인데, 이 상태를 긴급 회피하기 위해 한숨을 내쉬는 시스템이라고 보면 됩니다.

또 하나가 자율신경의 밸런스입니다. 자율신경

에는 액셀인 교감신경과 브레이크인 부교감신경이 있습니다. 우리는 활동 중에는 교감신경이 우위에 있고, 쉴 때는 부교감신경이 우위에 있는 형태로 밸런스를 유지하며 생활하는데, 오랫동안 스트레스 상태에 놓이면 교감신경이 계속 흥분 상태가 됩니다. 그래서 이 경우도 몸이 위험을 느껴 '한숨'으로 긴장을 풀기 위해 하는 것입니다.

설명이 장황해졌는데, 핵심은 한숨에는 긴장된 몸을 풀어주는 효과가 있어서 혈류도 좋아진다는 사실. 생각하기에 따라서는 행복을 달아나게 하기는커녕, 오히려 신선한 산소와 함께 '행복의 동반자를 초대'하는 거라고도 할 수 있겠네요. 어쨌든 한숨은 '몸에서 보내는 사인'입니다. **'스트레스로 가득차 있지 않아?'라고 묻고 있음에는 틀림없으니, 그럴 때는 반드시 체크가 필요합니다.**

시술실은 스트레스 해방의 장소이기 때문에 '한숨'은 환영인데, 실은 '눈물'도 환영입니다.

우는 행위에는 독소를 내보내는 효과가 있습니다. 울고 나서 후련해진 경험을 해 본 사람도 많지 않을까 싶은데, 기분 전환에도 효과적입니다.

여기서 문제는 울고 싶은데 울지 못하는 경우입니다. 여성은 감정이 풍부해서 눈물을 잘 흘리는 것이 당연한데, 여러 가지를 참고, 견디고, 숨기고 하는 상태가 당연해지면 우는 방법을 잊어버리게 되거든요. 그러다 보니 어느새 어떻게 울어야 할지조차도 알 수 없게 되었을 만큼 한계에 다다른 여성도 드물지 않습니다.

우리 침구원에도 '울지 못하는 여자'가 많이 찾아옵니다. 매일매일 엄청나게 애쓰고 애쓰며, 그러면서 컨디션이 무너져서 참을 수 없는 고통을 안고 찾아오는 사람이 무척 많습니다.

저는 그런 여자들을 대하면서 '아, 여기가 딱딱하네. 상당히 무리를 거듭해 왔구나'라고 생각하며 이야기를 듣습니다. 그리고 자연스럽게 "힘껏 노력해 왔네요"라든지 "응응, 열심히 했네"라는 말이 나옵니다.

그러면 말이죠, 그 말을 계기로 그녀들이 눈물을 흘리는 경우가 있습니다. 그게, 울고 싶어서 우는 게 아니라 무심코 눈물이 차오르는 이미지. 그러다 보면 결과적으로 눈물이 넘쳐흐르게 되는 듯합니다.

저는 '그래그래. 울 수 있었네' 하는 마음으로 아무 말 없이 지켜보곤 합니다. 감정을 방출할 수 있었다는 건 정말 좋은 일이니까요. 어떤 의미에서는 속박으로부터의 해방입니다. 자신을 동여매고 있는 사정이나 상황을 풀어주는 첫걸음이니, 흘러

넘치는 생각을 거리낌 없이 토해냈으면 합니다.

 '최선을 다하고 있는데, 왜 그럴까? 전혀 잘 풀리지 않아……'라며 생각이 소용돌이치다 보면 그것이 온갖 컨디션 난조로 이어집니다.

 '전달 방법이 서툴다'거나, '요령 있게 굴지 못한다'와 같은 이유로 오해받는 일이 많아서 괜히 자책하고 있지는 않나요?

 시술대에 오른다는 것은 다른 사람에게 몸을 맡기는 일이기 때문에 진짜 자신을 드러내게 됩니다. 그래서 자신도 모르게 봉인하고 있던 마음의 문이 열리면서 무심코 솟아오르는 감정이 있는데, 그것은 동시에 진짜 자신과 마주하는 일이기도 합니다.

 저는 이렇게 생각합니다. **'우선은 인정해 줘요. '나는 약하다'라는 걸.'**

 만약 '응응, 그래, 그렇구나' 하고 당신의 있는 그대로를 들어줄 수 있을 만한 사람을 찾지 못했다면 스스로 그 역할을 해 주면 어떨까요?

 '열심히 하고 있다는 거, 잘 알아' 하고 말이에요.

 그렇게 하면서 조금 울 수 있으면 좋겠네요.

> **From Atsuko**
> **'운다'는 건 꽤 중요한 거예요.**

칼럼 6 여자는 늘 서 있는 방법이 서툴다

여러분은 어딘가에서 '서 있는 방법'에 대해 배운 적이 있나요? 어렸을 때부터 "똑바로 서", "등 구부리지 마!"라는 말을 들으며 자라 왔는데, 의외로 바르게 서 있는 방법이 무엇인지 알고 있는 사람은 많지 않습니다. 가슴을 편 자세가 좋다는 이미지가 강하다 보니, 허리를 젖히는 것이 바른 자세라고 착각하게 되지요.

실은 자세를 좋게 해야지, 하고 생각하면 할수록 허리에 힘이 너무 많이 들어가서 '새우등'이면서 동시에 과도한 '요추전만'이기도 한 'W의 비극'을 만들어 냅니다.

과도한 요추전만은 '온갖 악의 근원'입니다. 불룩한 배와 등, 팔뚝 살의 늘어짐, 하반신 비만이라는 미용 면의 문제도 물론 있지만, 그보다도 자율신경에 나쁜 영향밖에 주지 않는다는 사실 쪽이 훨씬 피해가 큽니다. 컨디션이 안 좋은 원인이 과도한 요추전만에 있었다고 하는 사례도 종종 있습니다.

이를 해결하는 방법으로는 먼저 가슴을 펴지 않기. 자세를 좋게 하려는 생각을 하지 않는 것입니다. 서 있을 때 중심은 발바닥의 한가운데에서 뒤꿈치 쪽으로 둡니다. 발끝에 중심을 두는 것은 절대 금물입니다. 직접 내장 하중으로 연결되기 때문입니다.

등에 힘을 주고 서지 않기. 힘을 주지 않아도 자세는 좋아집니다. 서 있을 때는 어디에도 힘을 주지 않는 것이 기본입니다. 무릎을 펴고 서세요. 벽을 등지고 연습해 보면 좋습니다.

벽에 등을 붙이고 섭니다. 허리와 벽 사이의 공간이 손바닥 두께 정도라면 OK. 주먹이 들어갈 정도라면 과도한 요추전만이니 주의해야 합니다. 저벅저벅 걷기도 금지. 중심을 이동하며 걷는 것을 의식합니다. 그리고 샌들, 슬리퍼는 신지 않도록 합니다. 뒤축이 제대로 있는 신발을 신어 주세요. 과도한 요추전만이 개선되면 동시에 새우등도 해소되기 시작하는데, 평상시 자세를 의식하는 수밖에 없습니다! 이 부분은 습관을 들여서 컨디션 난조와 산뜻하게 이별합시다.

새우등처럼 굽은 허리, W의 비극

18. 어쨌든 쓰다듬어라!

'기분 좋다'의 감각을 얕보지 말라

혈액을 흘려보낸다.
림프를 흘려보낸다.
마침내
'기분 좋음'이
찾아온다.

백내장 수술을 한 50대 여성에게 들은 이야기인데, 수술을 받는 동안에 간호사가 계속 손을 잡아줘서 정말 마음이 든든했다고 합니다. 그야말로 '쓰다듬기'라고 할 수 있겠네요.

'쓰다듬기'는 중요합니다. 배가 아프다며 우는 아이의 배를 엄마가 다정하게 쓰다듬어 주는 이미지. 그 따스함이 아픔을 완화시킵니다.

이는 전혀 어린아이만의 특권이 아니라 어른 역시 마찬가지입니다. 아픈 곳이나 신경 쓰이는 곳에 손을 올려 두기만 해도 아픔을 덜어 주는 효과가 있습니다.

그 이유는 손이 피부나 몸에 닿을 때 뇌에서 '행복 호르몬'으로 불리는 옥시토신이라는 물질이 분비되기 때문이라고 합니다.

사실 연인이나 파트너 등 사랑하는 사람이 만져 주면 더 효과적일지도 모르지만, 그런 사람이 내가 필요로 할 때 딱 맞춰 있어 주는 것도 아니니 그럴 때는 내 손으로! 셀프로 해도 효과는 매우 큽니다. 손바닥으로부터 전해지는 체온이나 온기를 느끼면 아픔이 완화되고 동시에 마음도 차분해진답니다.

그러고 보면 저도 제 팔꿈치나 허리를 자주 쓰

다듬곤 합니다. 피부는 외부로부터 자극을 가장 먼저 느끼는 곳으로, 센서가 잔뜩 붙어 있습니다. 즉 감각 중추에 직접 연결되어 있다는 말이지요.

따라서 '신경 쓰이는 곳은 쓰다듬기!'. 무려 이것만으로도 혈류까지 좋아진답니다.

피의 흐름이 원활해지면 림프도 잘 흐르게 됩니다. 그러면 '기분 좋다' 하는 감각이 느껴집니다.

'기분 좋다'의 감각은 매우 중요합니다.

매일매일 바쁘다 보면 '기분 좋다'를 놓치고 가기 쉬운데, 가능한 한 '기분 좋다'의 감각을 일상에 들어올 수 있도록 해 주세요. 그저 신경 쓰이는 부분에 손바닥을 살짝 대 보는 것뿐이니까요.

여기서 주의할 점은 단 한 가지입니다.

'누르면 안 돼요. 쓰다듬는 거예요.'

부드럽게, 부드럽게.

여성인 당신의 몸은 정밀 기기와 마찬가지로 섬세하니, 먼저 스스로 소중하게 대해 주세요.

덧붙여 말씀드리면, 피부는 전체가 한 장으로 되어 있습니다. 머리 피부부터 발끝 피부까지 한 장의 피부로 연결되어 있어요.

어느 여배우가 TV 프로그램에서 "가슴까지가 얼굴이니까, 화장수는 얼굴뿐만 아니라 가슴까지

발라요"라며 미용 팁을 알려주는 걸 본 적이 있는데, 확실히 맞는 말입니다.

피부도 포함하여 몸은 각각의 기관이 단독으로 움직이고 있는 것이 아니라 모두 연결되어 있습니다.

가끔은 샤워하면서 전신을 스캔해 봅시다.

발끝부터 시작해서 종아리, 허벅지 순으로 자신의 몸을 위로하듯이 부드럽게 어루만져 봅니다. '아픈 곳은 없나? 딱딱한 곳은 없나?' 하는 식으로요. 예전에 어머니가 다정하게 매만져 줬던 것처럼 '착하지, 착하지'라고 말하면서 쓰다듬어 주세요. 애정이 담긴 피부 자극은 치유로 작용해 스트레스를 완화시킵니다.

불안하거나 지쳤을 때는 이런 식으로 자신에게 주는 선물이 마음의 영양 공급이 되니, 한번 시험해 보세요.

> **From Atsuko**
>
> **신경 쓰이는 각 부분을 쓰다듬을 것. 누르면 안 되고, 가볍게 쓰다듬기.**

4장

나 자신을
우선시하는 레슨

19. 개찰구 앞에서 친구와 헤어질 때, 뒤를 돌아본다 or 돌아보지 않는다

어느 쪽이 맞고, 어느 쪽이 좋은 사람인가 하는 문제

허물없는 친구와의 수다. 즐거운 한때일수록 시간은 빠르게 흘러가는 법입니다.

갑작스럽지만 여기서 '친구와 전철역 개찰구에서 작별 인사를 하는 장면'을 떠올려 보세요.

당신이 지하철을 타는 쪽이라고 한다면 뒤를 돌아보나요? 아니면 배웅하는 쪽이라면 상대방의 모습이 보이지 않을 때까지 그대로 거기 계속 서 있나요?

이때 우리에게는 '뒤를 돌아본다', '뒤를 돌아보지 않는다', 또는 '지켜보고 있다', '지켜보지 않고 간다'라는 선택지가 있는데, 당신은 어떻게 하는 경우가 많은가요?

'나는 뒤를 돌아볼 것 같은데? 한 번도 뒤돌아보지 않고 그냥 가 버리는 건 서로 왠지 좀 서운할 것 같기도 해서.'

'상대방이 뒤를 돌아봤을 때 내가 이미 가 버리고 없으면 실례일 것 같아서 갈 때까지 지켜보고 있는다.'

'나는 뒤돌아보지도 않고, 지켜보고 있지도 않는다. 그도 그럴 것이, 이미 '작별 인사'를 했으니까.'

'상대방이 누구든 상관없이 뒤돌아보지 않도록 하고 있다. 왜냐하면 헤어지기 아쉬운 마음이 들어

서 오히려 쓸쓸해지니까.'

여러 타입의 여성이 있을 거라 생각합니다.
어느 쪽이 정답이라고 하는 문제가 아니라, 평소 자신이 어떤 행동을 취하고 있는지에 대해 조금만 생각해 보자는 이야기입니다.
고작 '헤어질 때 어떻게 하는가?'라는 사소한 부분이지만, 자율신경에 미치는 영향이 전혀 없지도 않습니다.
포인트는 그 행동이 자신 있게 하는 '나의 방식'이라고 스스로 생각할 수 있는지입니다.
만약 '내가 뒤를 돌아봤는데 상대방은 이미 가고 없었다'라고 했을 때, '혹시 나, 실은 미움받고 있는 건가?'와 같은 식으로 마음에 상처나 불안, 또는 쓸쓸함을 느낀다면 서둘러 그 구멍을 복원하라는 말입니다.

이렇게 말하는 저는 '뒤를 돌아보는 파'입니다. '만약 상대방이 지켜봐 주고 있다면 그냥 가는 건 실례이지 않을까?'라고 생각하는 타입이지요. 마음속 깊은 곳에 있는 본심을 말하자면, '나는 예의 있는 좋은 사람'→'예의 없는 사람으로 보이고 싶지 않다'→'사람들에게 미움받고 싶지 않다'라는 마음이 없지 않습니다.

그러던 어느 날, 뒤도 돌아보지 않고 씩씩하게 걸어가는 친구나 지인을 배웅하면서 제 삶의 방식에 자신이 없어져 고민한 적이 있습니다.

아마 그 당시에는 뒤돌아보지 않기를 선택할 수 있는 친구들의 모습이 '자신만만한 인생' 같아서 눈부시게 느껴졌던 것 같습니다.

그래서 '뒤를 돌아보면 소금 기둥이 된다!'라고 스스로 '주술'※을 걸고 뒤를 돌아보지 않도록 해 봤습니다.

그런데 말이죠, 오히려 더 괴로운 거예요.

'뒤를 돌아보면 안 돼! 뒤를 돌아보면!' 하고 생각하는 것만으로도 무턱대고 뒤를 돌아보고 싶어지거든요.(웃음)

그래서 결국 그만뒀습니다. 제 성격에 맞지 않는다는 걸 알게 되었으니까요.

나는 나. 뒤를 돌아보고 싶으면 돌아보면 되는 거 아닌가? 소금 기둥이 될 리가 없는데? 나는 무엇과 싸우고 있는 거지!? 하는 생각이 들었습니다.

그러고 보니, 그 무렵 지인이 들려준 이야기가 있습니다.

다도의 세계에서 10월은 '잔월'로 불린다고 합니다. 다도에서는 11월을 신년으로 하기 때문에 10월은 그 해의 마지막에 해당한다고 해요. 즉 사라져 가는 것에 대한 흔적을 아쉬워하는 계절인가 봅니다. '그렇구나, 헤어짐은 아쉬워해도 되는 거였어!?'라는 생각의 발견이었습니다. 그때부터는 뒤돌아보기를 선택해 온 저 자신이 조금은 사랑스럽게 느껴지기 시작했습니다.

'두 번 다시 이때로는 돌아올 수 없다', 그래서 이 순간을 함께해 준 소중한 벗에게 '고맙다' 하는 마음이 드는 거라고……. 그렇게 생각하면서 친구의 뒷모습을 바라보고 있노라면 '다시 만날 때까지 우리 둘 다 건강하자' 하고, 뭔가 긍정적인 생각이 드니 신기하기도 합니다.

그 후로는 뒤를 돌아보거나 가는 뒷모습을 지켜보는 것은 상대방이 어떻게 하든 상관없이 제가 '좋아서' 하고 있습니다.

뒤를 돌아보는 파, 돌아보지 않는 파, 어느 쪽도 맞습니다. 중요한 것은 자신이 마음 편한 쪽을 선택하기. 그 선택이 지금의 당신에게는 정답입니다. 사실 이런 말, 굳이 해 주지 않아도 다 알고 있는데 말이죠. 때때로 잊어버리곤 합니다. 하지만 잊고 있었네, 하는 생각이 들었으면 다시 떠올리면 그만입니다. '나는 나', '남은 남'.

자율신경의 안정을 위해서는 상대방의 행동에 일희일비하지 않는 것도 중요합니다.

※신에게 뒤돌아보지 말라는 말을 들은 로트의 아내가 뒤를 돌아보는 바람에 소금 기둥이 되었다고 하는, 구약성서에 나오는 유명한 이야기에서 따왔습니다.

From Atsuko

상대방의 행동에 일희일비하지 말지어다.
자신이 마음 편한 쪽을 택할 것!

20. 그 사람은 좋아할 수가 없는데, 그럼 안 돼?

애초에 그런 사고방식이 넌센스

> 서로 사이좋게
> 지내야 한다는
> 문화 속에서 자라 온
> 우리는 '싫어'라는 말을
> 입 밖으로 내는 게
> 두렵다!?

독박 육아로 고생하고 있는 미도리 씨(39세)가 침구원을 찾아왔습니다.

'요통이 매우 심하다'라는 호소였는데, 시술을 거듭할수록 더 구체적인 '고민'이 명확하게 수면 위로 떠오르기 시작했습니다.

그 고민은 '(큰아이를) 유치원에 등·하원 시키는 일이 괴롭다'라는 것.

작은 아이를 안고 등·하원 해야 하다 보니 그것이 허리에 부담을 주는 원인이 아닐지 의심했지만, 문제는 그뿐만이 아니었습니다.

"실은 엄마들 그룹의 리더가 저를 싫어하는 것 같아서, 엄마들 사이에서 고립되어 있어요……"라는 미도리 씨.

의외라고 생각할지 모르지만, 심리적 스트레스가 요통의 원인이 되는 경우도 적지 않습니다. 스트레스를 받으면 허리 근육의 혈류가 나빠지고, 게다가 스트레스는 뇌 기능에도 영향을 미칩니다. 문제가 없을 때 우리의 뇌는 통증을 느끼면 도파민이라는 신경전달물질을 방출합니다. 그러면 진통 작용을 하는 오피오이드라는 물질이 대량으로 방출되어 통증을 억제하는 시스템입니다. 하지만 애석하게도 스트레스에 노출되면 이 시스템이 제대로 기능하지 못하는 사태가 벌어집니다.

그렇게 되면 예를 들어 사소한 통증이라도 극심한 통증으로 느껴지기 때문에 그 공포와 불안으로 이번에는 요통 그 자체가 스트레스가 되는, 끊이지 않는 악순환에 빠지기 쉽습니다.

스트레스로 인한 통증이라면 '반드시 그 근원에서부터 끊어내야 한다'고 할 수 있지만, 이게 좀처럼 해결이 쉽지 않습니다. 미도리 씨는 '엄마들 그룹과 만나야 한다고 생각하는 것만으로도 우울해진다'는 상태였기 때문에 어쨌든 남편에게 대신 등·하원을 시켜 달라고 하면 어떠냐고 제안했습니다.

하지만 성실한 타입의 미도리 씨. 처음에는 시종일관 "그런 부탁은 할 수 없어요"라는 말만 되풀이했습니다. '남편은 전업주부의 일이라고 말할 게 분명해', '일하는 남편에게 미안한데', '남편이 나를 게으르다고 생각하는 건 싫어'라는 사고가 머릿속에서 빙글빙글 돌고 있었습니다.

그런데 어느 날 아침, 상황은 움직이기 시작했습니다. 몸이 너무 아파서 남편에게 "등·하원 좀 대신해 줬으면 좋겠어"라고 이야기했다고 합니다. 그러자 남편은 "알겠어! 어차피 쭉 재택근무니까!" 하고 흔쾌히 받아들였습니다. "그렇게 괴로웠다니, 먼저 알아주지 못해서 미안해. 앞으로는 유치원 행사도 내가 갈 테니까"라는 말까지 해 주었다고 합니다.

"선생님, 역시 말은 해 봐야 하는 거네요……"라고 미도리 씨는 말했습니다.

사람이란 때로는 멋대로 확신하곤 하지요. 확인도 해 보지 않고 '분명 이럴 거야'라고 확신하고, '어차피 무리'니까 '견딘다'를 선택하는 여성이 많을 거라 생각합니다.

미도리 씨는 엄마들 그룹과 거리를 두는 방법으로 스트레스를 일시적으로 회피하는 데는 성공했지만, 근본적인 문제를 해결하기 위해서는 앞으로 더 남아 있는 일이 있습니다. 그 엄마들과는 앞으로 초등학교에서 관계가 다시 시작될 거라는데, 지금도 한창 긴장하는 중입니다.

미도리 씨처럼 같은 여성들 사이의 인간관계로 고민하는 사람이 많은데, 그 근본은 우리가 받아 온 교육에 있지 않나 하는 생각이 듭니다.

우리는 '좋고 싫고는 옳지 않습니다', '모두와 사이좋게 지냅시다'라는, '서로 사이좋게 지내야 한다는 문화' 속에서 자라 왔기 때문에 다른 사람에 대해 '싫다'라는 말을 입 밖으로 내는 건 나쁜 일처럼 느껴져 저항감이 있지요.

마음이 맞는 사람이 있으면 잘 안 맞는 사람도

있습니다. 우연히 같은 공간에 있게 된 모든 사람을 다 똑같이 좋아하라고 하는 쪽에 무리가 있지 않나 싶은데, 뭐랄까 거기에는 '다른 사람에게 미움받는 것'을 극단적으로 두려워하는 심리가 나타났다 숨었다 하는 것이 아닐까 하는 생각이 듭니다.

그런데 말이죠, 현실적으로 안 맞는 건 안 맞는 거고, 싫은 건 싫은 겁니다.

저는 위장이 약해서 몸 컨디션에 따라서는 자극적인 음식이 힘들 때가 있습니다. 이것은 그저 내 몸에 맞고 안 맞고의 이야기이기 때문에 무리해서 먹어 봐야 괴로울 뿐입니다. 만약 평생 자극적인 음식을 먹을 수 없다고 해도 딱히 곤란할 일도 없습니다. 물론 다른 사람이 맛있게 먹는 것은 환영입니다.

사람도 마찬가지가 아닐까 생각합니다. **맞고 안 맞고의 문제로, 그 사람은 어쩌다 보니 나와는 맞지 않지만 다른 사람과는 잘 맞을지도 모른다고 하는, 그뿐인 이야기입니다.** 만약 내가 그 사람과 안 맞는다고 해도 그 사람의 인생에 미치는 영향은 거의 없을 테고, 반대로도 그렇지 않을까요. **'싫다'는 생각을 억누르면 그 감정이 언젠가 폭발해 버려 주변 사람들까지 마구 끌어들이는 큰 사고로 이어질지도**

모릅니다.

그러기보다는 두려워하지 말고 거리를 두든 도망을 치든 선택합시다. 자신의 마음에 더 솔직해질 때 하루하루 즐겁게 보낼 수 있습니다.

먼저 '대하기 힘든 상대가 있다'는 사실을 받아들여 보면 어떨까요?

지금 부족한 것은 아주 조금의 '단호한 결심'뿐입니다.

> From Atsuko
>
> **전방위 외교, 그만둬도 딱히 문제없음!**

21. 열심히 하는 건 좋지만

'적정대어의 법칙'으로 꺾이지 않는 내가 되자

슈퍼맨처럼
힘을 내는 건
'반드시 이겨야
하는 승부'일 때만으로도
충분.

침구원에 오는 사람은 정도의 차이가 있기는 하지만 대부분 '지나치게 많이 일하는 사람', '지나치게 망설이는 사람', '지나치게 고민하는 사람'입니다.

우리는 살아 있는 인간이고, 특히 여성은 몸도 마음도 다부진 구조가 아니기 때문에 '지나침은 모자람만 못하다'는 사실을 여자들은 특히 명심했으면 합니다.

갱년기 세대의 여성은 모두 '제2의 시기', 인생의 전환점을 맞이하고 있습니다.

40세에 출산을 경험한 아이코 씨(43세)는 타고난 '노력과 근성'을 무기로 인생의 온갖 시련을 극복해 온 사람으로, 체력에도 자신이 있었다고 합니다.

처음 해 보는 육아는 한밤중에 깨서 우는 아이와의 전쟁과도 같았는데, 아이가 걱정되어 뜬눈으로 밤을 새우며 돌보는 것쯤은 아무것도 아니었습니다. 아이코 씨의 말에 의하면, '3일 동안 잠을 자지 않고도 괜찮다니, 나는 슈퍼맨!?' 하고 생각할 정도로 애쓰고 있었다고 합니다.

그러던 어느 날, 예고도 없이 사건은 일어났습니다. 아이코 씨가 무릎부터 무너져 내리듯이 그 자리에 주저앉아 움직일 수 없게 된 것입니다. 그 후 증상은 더 악화되었습니다.

  당연히 아이코 씨는 병원을 이곳저곳 찾아갔지만, '질환은 없다'라는 진단을 받았습니다. 정신건강의학과에서 항우울증 약과 수면제를 처방받아 복용했는데, 아무리 약을 먹어도 차도는 보이지 않고 하루 종일 멍하게 있는 날들을 보내고 있었다고 합니다.

  우리 침구원과 연이 닿은 것은 그 증상이 나타나고 1년쯤 지났을 무렵이었습니다.

  처음에 아이코 씨는 '나 자신이 한심하다'라고 말하며 자주 울었습니다.

  "우리 남편은 아이도 잘 봐주고, 저한테도 잘해주는 좋은 사람이에요. 이렇게 잘해주는 사람이 또 있을까 싶을 정도니까, 오히려 더 미안해져서……. 선생님, 저 왜 이렇게 아무것도 할 수 없는 몸이 되어 버린 걸까요?(눈물)"

  노력파들은 다른 사람을 위해 움직일 수 있는 훌륭한 사람이지만, 그런 일이 스스로도 너무 당연해진 탓인지 자각하지 못하고, 결국 지나치게 애쓰고 있다는 사실을 깨닫지 못하는 경우가 많습니다.

  '사람은 피로가 축적되면 병에 걸린다.'

  '지나치게 일을 많이 하거나 잠이 부족해지면

움직일 수 없게 된다.'

이렇게 단순한 이야기인데, 노력파일수록 피로에 대한 경계심이 옅어지는 경향이 있다는 것이 참 곤란한 부분입니다.

피로 자체도 단순히 피곤해서 오는 피지컬적인 것과 성격에서 오는 것, 또는 그 양쪽이 복잡하게 얽히면서 증상이 나타나는 경우도 있는데, 이 피곤함이라는 게 사실 꽤 무섭습니다.

힘을 낼 때 활약하는 호르몬인 엔도르핀과 도파민. 뇌내 마약이라고도 불리는 엔도르핀의 효과로 러너스 하이Runner's High가 아닌 워커스 하이Worker's High를 계속 이어가다 보면 몸은 망가집니다. 긴장과 흥분, 불안과 공포로 분비되는 '두근대는' 호르몬인 아드레날린도 멈추지 않고 나온다면 어느 날 갑자기 아이코 씨처럼 털썩 무너지게 될 수도 있습니다.

성실한 여성에게서 많이 볼 수 있는 케이스인데, 우수한 사람이기에 어떤 일이든 해낼 수 있는 실력이 있습니다. 그 자체는 자신감을 가져야 마땅한 자랑스러운 특성입니다. 아마 지금까지의 인생에서도 자신이 중요하게 생각하는 일에 대해 '적당히&되는대로' 마주한 적은 없었겠지요. 따라서 '불가능하다', '할 수 없다'는 현실에 충격을 받고 맙니다. '하고 싶다', '당연히 할 수 있다'라는 생각을 가지고 있는 만큼 오히려 더 괴롭습니다. **하지만 강제적으로 제동이 걸렸다면 그것은 '어깨의 힘을 뺍시다'라는 '하늘의 계시'입니다.**

인간에게는 슈퍼맨처럼 힘을 쓰지 않으면 안 되는 순간도 있지요. 하지만 그렇게 하는 것은 '반드시 이겨야 하는 승부'일 때만으로도 충분합니다.

이에 대한 대책으로 제가 추천하고 싶은 방법은 '적정대어'의 법칙. '적당히·정도껏·대강·어지간히'의 머리글자를 따서 만든 말입니다. 정도에 맞게, 딱 좋은 정도로, 도가 지나치지 않도록, 적당한 수준으로, 분발하지 않고 편안하게 해 내면 된다는 의미입니다.

먼저 긴장으로 딱딱하게 굳은 몸을 풀어주기. 그리고 동시에 완고해진 사고를 이완시키면 활력은 회복되어 갑니다.

자신의 체력을 포함한 모든 것의 '적당한 정도'를 제대로 파악하기란 어려운 일이지만, 그 적정량을 매일매일 조금씩 더하고 빼 보면서 마지막에는 '이만하면 됐지!? 그럭저럭!' 정도의 '적당함'으로 하루를 끝내면 좋겠습니다. 아이코 씨도 '적정대어 효과'로 꽤 건강해졌습니다.

한창 그럴 때인 우리는 내 몸과 상의하면서, 때로는 '이제는 젊지 않지'하고 '자신에게 변명'을 하면 됩니다.

목표는 그래요, 코스모스. 꺾일 듯 꺾이지 않는 꽃이 되어 우리 즐겁게 살아봅시다.

> From Atsuko
>
> **매일 맛은 변하니까, 그날그날 딱 좋은 간을 찾아내자!**

칼럼 7 여자는 늘 허리가 아프다

허리 통증으로 고민하는 당신, 혹시 '바닥에 앉아 있지' 않나요?

일본은 밥상 문화가 있다 보니, 바닥에 앉는 좌식 생활을 하는 사람도 있을 겁니다. 겨울에는 '코타츠'(나무로 만든 탁자에 이불이나 담요 등을 덮어 만든 일본식 난방 기구-옮긴이)에서 따끈따끈하게 지내면서 '아! 일본에서 태어나서 다행이다!'라는 생각이 들기도 하겠지만 그런 생활, 잠깐만요!

그거, 허리에는 엄청나게 안 좋습니다. 요통의 원인이 되니 그만둡시다. 그 자세에서는 체중이 모두 허리로 가게 됩니다. 게다가 바닥에 앉으면 보통 허리와 다리의 위치가 동일해지기 때문에 자연스럽게 허리가 둥글게 말리게 되지요. 이렇게 되면 허리에 부담을 주지 않는 '척추가 S자 커브'가 되는 자세를 유지하기 어렵습니다.

그 결과 '바닥에 앉는다 → 허리에 부담을 준다 → 요통을 불러일으키기 쉬워진다'의 악순환이 일어나게 됩니다.

대책은 간단해요! '의자에 앉는다!' 이것만으로 OK!

의자에 앉으면 체중이 분산되어 허리에 가는 부담이 덜어지기 때문입니다.

가능한 한 바닥에 앉지 않는 의자 생활로 바꾸는 것이 베스트입니다.

만약 어떻게 해도 바닥에 앉을 수밖에 없는 경우라면 벽에 기대어 앉아 주세요. 이렇게 하면 체중을 벽에 분산시킬 수 있어서 허리에 가는 데미지가 줄어듭니다. 가능하면 좌식 의자나 쿠션 등으로 허리를 받쳐 주면 좋습니다.

여성들이 자주 하는, 다리를 옆으로 모으고 앉는 방식은 절대 금지입니다. 이렇게 앉는 방식은 고관절이 비틀어진 상태가 되기 때문에 골반과 허리에 부담이 너무 큽니다. 다리를 꼬는 것도 마찬가지예요!

여기에 더해 장시간 같은 자세를 유지하는 것 또한 요통을 악화시킵니다. 어떤 자세로 앉아 있든 가끔은 일어나서 의식적으로 자세를 바꿔 주세요. 이렇게만 해도 요통 예방에 효과가 있습니다! 요통으로 괴로워하는 분이라면 꼭 시도해 보세요.

바닥에 앉지 마, 다리 꼬지 마

22. 짜증이 났다면
영업 종료

'피곤하니까 자겠습니다. 이상' 하고 이불 속으로 GO

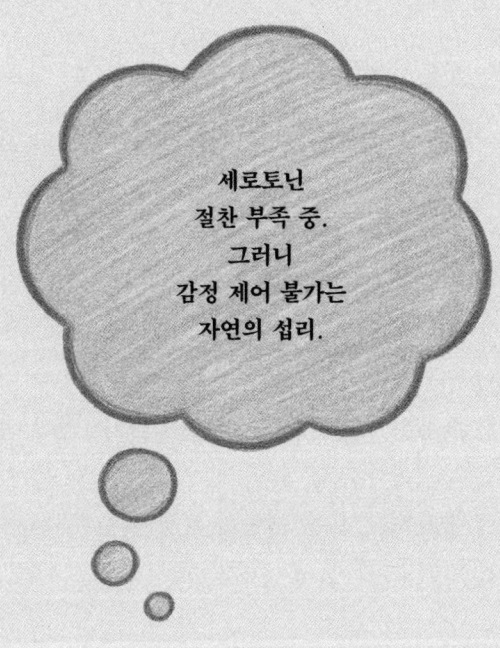

세로토닌
절찬 부족 중.
그러니
감정 제어 불가는
자연의 섭리.

갱년기에 자주 나타나는 증상으로 '짜증'이 있습니다. 거리를 걷다 보면 종종 이 증상이 올라온 듯한 여성이 눈에 띌 때가 있지 않나요?

저는 그렇게 '신경이 곤두서 있는 여성'을 만날 때마다, 나카모리 아키나中森明菜의 노래 〈십계十戒〉 후렴구에 나오는 '짜증이 나~'가 머릿속에서 반복되곤 하는데요, 이건 말이죠, 비난할 수 없답니다.

왜냐하면 이 증상은 스스로 제어가 불가능하니까요. '알고는 있지만, 그만둘 수 없는 영역'에 해당하기 때문에 어떻게 할 방법이 없어요.

이 증상은 갱년기가 벌인 짓입니다. **복습해 보면, 갱년기가 되면 여성 호르몬인 에스트로겐이 감소하고, 그 영향으로 행복을 느끼게 하는 호르몬인 '세로토닌'이 부족해져서 감정 컨트롤이 어려워집니다.** 그래서 정신을 차렸을 때는 '아니, 이런 내가!? 미안하게 됐네요!'라고 할 만한 상황이 벌어져 있다거나 하는, 인체의 메커니즘입니다.

그러니까 '사소한 일에 화가 난다', '별거 아닌 일로도 폭발해 버린다' 하는 상황이 발생하는 것은 자연의 섭리. 여성은 결코 화를 내고 싶어서 내는 것이 아니랍니다.

우리 여자는 정말 힘들어요. 자신의 감정인데도

호르몬 때문에 컨트롤이 불가능한 곳까지 내몰리는 경우가 있다 보니, 거기에 대고 뭐라고 하는 건 좀 혹독하다고 할 수 있지요.

갱년기 장애가 불러오는 멘탈 문제는 크게 나누면 '짜증'과 '의기소침'이 있는데, 짜증이 멈추지 않는 사람은 굳이 말하자면 건강한 사람입니다. 반대로 계속 의기소침해지기만 하는 사람은 말하자면 기가 약한 사람으로 분류됩니다.

하지만 사람은 다면성을 가지고 살아가기 때문에 그때그때 상황에 따라 짜증이 나기도 하고 의기소침해지기도 하면서 기분은 롤러코스터처럼 위로 올라갔다 아래로 떨어졌다 합니다. 이러면 신경도 이랬다저랬다 분주해져서 남몰래 상처받게 되지요. 신체적으로도 꽤 괴롭습니다.

하긴 이렇게 화를 내는 쪽도 괴롭지만 그 화를 당하는 쪽도 피해가 막심합니다. 요컨대 주변 사람들에게 마구 화풀이하고 있는 셈이니, 상대편에게 과실이 있는 교통사고에도 비유할 수 있습니다.

이러한 접촉 사고는 외부에서보다는 가정 내에서 일어나는 케이스가 더 많습니다. 가족끼리는 아무래도 더 밀접하게 접촉하기도 하고, 역시 가족이라는 이유로 배려의 선을 넘어 버리게 되는 부분이 크다고 봅니다.

이해합니다. 직장에서 너덜너덜해져서 집에 돌아왔는데 아들은 게임만 하고 있고, 다 돌아간 세탁기에서 빨래를 꺼내는 센스도 없지요. 그런데도 힘을 쥐어 짜내서 밥을 차려 줬더니 불러도 오지는 않고, 겨우 왔다 싶었는데 "뭐야, 생선이네"라는 말이나 하고 자빠졌길래 "그럴 거면 먹지 마" 하고 폭발해 버렸다고요.

있잖아요 어머니, 당신은 무죄입니다. 화를 내도 괜찮아요. 매일 이런 식인데, '이렇다니까, 갱년기 아줌마는……'이라는 말은 듣고 싶지 않지요.

이처럼 조바심의 도화선은 점점 짧아지기만 하고, 그런데 말이죠, 폭발하는 것도 쓸데없이 에너지를 써야 하니 엄청나게 피곤해지는 것은 사실입니다. 안 그래도 피곤한 상태이니 몸을 생각해서라도 여기서는 무조건 '단축 영업'입니다. 기분의 파도에 휩쓸리고 있다는 생각이 든다면, 자기 얼굴에 '오늘 영업은 종료했습니다'라는 종이를 써 붙이는 겁니다.

만약 당신이 가족 내에서 어머니의 역할이라면, '엄마는 피곤하니까 잘게, 이상'이라는 말을 남기고 이불 속으로 직행하세요. 뭔가 한소리 하려는 가족이 있다면 '(이 이상 이러니저러니 한다면) 마구 화풀이할 건데, 오케이?' 하고 적에게도 친절하게 선전포고를 해 둡시다.

일도 그렇고 가정도 그렇습니다. **당신이 없어도 단기간이라면 어떻게든 돌아갑니다. '내가, 내가!'는 환상입니다.** 피로의 절정이라는 감각을 무시하면 그거야말로 돈도 시간도 신용도 잃는 결과를 부르게 될 겁니다. 너덜너덜해진 신경이 부활하는 데는 그 나름의 시간도 걸리고, 자력으로는 치유가 어려워져서 전문가에게 의지할 돈도 필요하게 됩니다. 그러는 사이에 주변도 그렇지만 당신 자신이 스스로에 대한 신뢰를 잃게 되는 것이 가장 슬픈 일입니다.

그렇게 되지 않기 위해서는 어떻게든 용기를 가지고 드라마 〈닥터-X〉의 다이몬 미치코(일본 드라마 〈닥터-X〉 시리즈의 주인공으로, 가장 잘하는 말은 '하지 않겠습니다', '이의 있습니다'이다-옮긴이) 선생이 되어 봅시다. '하지 않겠습니다!' 하고 말이지요.

'설거지하지 않겠습니다', '빨래 개지 않겠습니다', '쓸데없는 잔업은 하지 않겠습니다'라고 말해 버리세요. 그 무엇도 '평생 하지 않는다'라는 말이 아니니까요. 몸이 안 좋을 때 정도는 '해야 할 필요' 없습니다.

 시원하게, 그리고 확실하게 '다음에 또 찾아주시기를 기다리고 있겠습니다' 하고 말하면 됩니다.

 그것이 당신과 당신의 소중한 가족을 지키는 길로 이어집니다.

> **From Atsuko**
>
> **용기를 가지고, '하지 않겠습니다' 선언을!**

칼럼 8 여자는 늘 스마트폰의 노예

"침대에서 스마트폰을 보지 마세요."

침구사의 입장에서 정말 당부해 두고 싶은 말입니다.

스마트폰이 내보내는 블루라이트는 자율신경을 흐트러뜨려, 기껏 '밤이다! 잠들게 해 주자'하고 자기 순서를 기다리고 있던 수면 호르몬 '멜라토닌'의 활동을 억제합니다.

그 결과 수면의 질은 매우 나빠지고 당신의 몸은 컨디션 저하로 치닫게 됩니다.

이것도 상당한 문제이지만, '누워서 스마트폰'을 하면 안 되는 이유가 또 하나 있습니다.

'목과 어깨와 팔과 눈'이 피로해집니다. 누워서 스마트폰을 떠받치고 있는 상태는 생각하는 것 이상으로 목·어깨·팔·눈에 부담을 주는 행위입니다.

엎드린 자세든, 천장을 보고 눕든, 옆으로 눕든 마찬가지입니다. 몸을 눕힌, 즉 드러누워 뒹구는 상태로 스마트폰을 보고 있으면 먼저 목에 부담을 주게 됩니다.

다음으로 스마트폰과 눈 사이의 거리를 유지하려 애쓰기 때문에 눈에도 좋은 자세라고는 할 수 없습니다. 게다가 팔도 부자연스러운 모양새로 억지로 유지하는 상태가 되다 보니 팔뿐만 아니라 그 끝에 연결된 어깨도 아프기 시작합니다.

인간의 몸은 어느 한 부분으로만 지탱하다 보면 그 부분이 딱딱하게 굳습니다. 그리고 그렇게 딱딱해지면 혈류가 막혀서 스스로 결림을 불러오는 결과로 이어집니다.

그야말로 자업자득, 자기 목을 스스로 조르는 꼴이 되니 용서할 수 없는 행위입니다. 그렇지 않아도 회복하는 데 시간이 걸리는 연배가 되었으니, 가능한 한 건강의 자기 파괴는 삼갔으면 합니다.

최근에는 '누워서 스마트폰을 하기 위한 전용 스탠드' 등도 판매되고 있다고 들었는데, 누워서 스마트폰은 백해무익합니다. 어떻게든 꼭 봐야 할 필요가 있다면 몸을 일으켜서 앉은 상태로, 밝은 곳에서, 단시간만 하시길 바랍니다. '이 정도는 괜찮겠지?'라는 방심이 컨디션 악화를 가속한다는 사실을 잊지 마세요.

'누워서 스마트폰'이 결림을 부른다

4장 나 자신을 우선시하는 레슨

23. 바라는 건 있는 그대로의 나?

아니아니, '원하는 모습의 나'는 아닌지?

___

나에 대해
가장
잘 알지 못하는 사람이
실은
나 자신이었다거나
하지요 ……

조금 지난 이야기인데, 영화 〈겨울왕국〉의 주제가 'Let It Go'가 한창 유행했었지요. 일본어 버전 제목은 '있는 그대로'였습니다. 들은 이야기인데, 원제인 'Let It Go'는 '짓누르고 있는 감정이나 집착하고 있는 것을 해방한다'라는 의미가 강하다고 합니다.

그래서 최근에는 그 트렌드의 영향인지, 세상을 다 안다는 듯한 얼굴을 한 어른들이 '있는 그대로의 나로 괜찮아'라고 말하는 소리를 종종 듣습니다.

그런데 말이죠, '있는 그대로'라는 것은 어렵습니다. 무엇이 자신의 '있는 그대로'인지, 벌써 그 의미부터 이해가 잘 안 가지 않나요? 자신에 대해 가장 잘 알지 못하는 사람이 실은 자기 자신이었다거나 하지는 않고요?

이건 제 추측인데, 어렸을 때부터 지금까지 해온 어떠한 경험의 축적에서 비롯된 것이 아닐까…… 하는 생각을 하기도 합니다.

우리는 어렸을 때부터 "괜찮아?"라는 말을 들으면 조건반사적으로 "괜찮아" 하고 대답해 왔습니다. '아니아니, 절대 괜찮지 않잖아?'라고 할만한 상황에서도 "괜찮아?"라는 질문에는 "괜찮아!"라고 대답하는 것이 지론이라고 굳게 믿었던 것 같습니다.

그 밖에도 굉장히 슬픈데도 그 슬픔에 억지로 덮개를 덮어 버린다거나, 엄청 기쁘면서도 기쁘다고 솔직하게 말하지 못한다거나……

마땅히 기뻐해야 할 장면에서 '그런 건 당연해', '들뜨지 마' 같은 분위기를 느낀다면 흥도 단숨에 식어 버리지요.

사실은 그 순간순간에 노여움이나 슬픔, 기쁨이라는 감정을 끝까지 제대로 맛봐야만 하는데 쏟아내지 못했으니까요. 마음속 깊은 곳에 그 감정이 가라앉아 버려서 이제 와서 어떻게 건져 올리면 좋을지조차도 모르겠다, 하는 느낌이랄까요.

이런저런 일을 경험하면서 '인생이란 이런 거지', '여자니까 (아픈 것도) 어쩔 수 없어'라면서 마치 달관하듯 우리의 한때는 흘러갑니다.

그런데 말이죠, 어쩌면 당신이 정말 원하는 것은 '아무것도 없는 지금의 나로 좋다'라는 자기 승인이 아니라, '나는 이걸로 됐어!'라고 느끼는 저 깊은 곳에서부터 솟아 나오는 확신은 아닌가요?

만약 그걸 어떻게 찾으면 좋을지도 모르겠고, 애초에 그런 게 있는지도 모르겠고, 미아가 된 듯 느껴진다면 이렇게 해 보지 않을래요?

당신이 주변에 맞춰 스스로를 수정하고 있다면,

자신의 행동이 진정 마음속에서 바라고 있는 그것인지를 다시 생각해 보는 겁니다.

당신은 평소에 스스로 뭘 시키고 있는 걸까요?

솔직해진 자신에게 거짓말은 통하지 않습니다. 그것이 정말 '원하는 모습의 나'인지 아닌지를 들여다보는 행위가 당신이 안고 있는 '삶의 괴로움으로부터의 해방'으로 이어집니다.

지금 '무리야! 너무 어려워……'라고 생각한 당신. 이건 생각만큼 난이도가 높지 않습니다. '나는 뭘 좋아하고, 어렸을 때는 뭐가 되고 싶었지?' 정도부터 시도해 봅시다. '그러고 보니 꽃이 좋아. 꽃집 주인은 참 좋겠다 생각했었어'라고 한다면, 시험 삼아 근처 공원에 꽃 사진을 찍으러 가 보는 건 어떨까요?

무언가가 바뀌게 되는 계기는 정말 사소한 작은 일에서 비롯되는 경우가 많거든요.

그러고 보니 오랫동안 우리 침구원에 다니고 있는 치하루 씨는 일흔을 넘겼을 무렵 '아무것도 이뤄 내지 못한 자신'이 텅 빈 것처럼 느껴졌다고 합니다. 그러던 중 엉뚱한 계기로 '종이접기 교실'에 다니게 되었다는 이야기. 어렸을 때는 종이접기를 좋아했으니까, 라면서요.

그랬던 치하루 씨, 지금은 여든이 족히 넘었는데

무려 종이접기 교실의 선생님으로 활약 중입니다.

지난번 저에게 "나이 들었다고 해서 시작도 하기 전부터 포기하면 안 돼. 봐 바, 좋아서 하는 일은 어떻게든 된다니까. 그리고 뭐든 10년을 하면 그 길에서는 이미 한 사람 몫을 할 수 있어. 그걸로 먹고 살 필요는 없지만, '나에게는 이게 있어'라고 할 수 있는 인생은 역시 좋지"라고 웃으며 이야기했습니다.

일본인 여성의 평균 수명은 87.74세(2020년). 그렇다고 하면 만약 70세부터 무언가를 시작한다고 해도 전혀 늦지 않았다고 할 수 있지요.

뭐든 너무 어렵게 생각할 필요 없이, 부담 없이 시도해 보고 부담 없이 실패하면 되지 않을까요? '안 되면 그만둔다', '안 맞으면 즉시 철수'. 그래도 '좋아하는 걸 확인해 봤다'고 하는 경험이 됩니다. '일일 체험자'들에게 큰 박수를 보냅니다.

갱년기는 언제까지나 계속되지 않습니다. 분명 여성 호르몬이라는 '수호의 파워'는 줄어들지만, 그것은 동시에 여성 호르몬에 농락당하던 시절로부터의 해방을 의미하기도 합니다. **몸이 여성 호르몬의 감소에 익숙해짐에 따라 불쾌한 증상은 점점 완화되어, 갱년기 특유의 고통을 느끼는 일은 오히려 줄어들게 됩니다.** 아침에 눈을 떠도 아무 데도 아프지 않은 나날. 더 자유롭게, 더 즐겁게, 생각만 있다면 어디든 갈 수 있습니다.

> **From Atsuko**
> **안 맞으면 즉시 철수 작전으로 부담 없이 도전!**

24. '왜? 왜? 어째서? 여자'

집착하지 마, 매여 있지 마, 몸이 하는 말을 들어!

인생에는 망설임과 불안이 늘 함께하기 마련인데, 이 '망설임과 불안'은 우연한 순간에 슬쩍 얼굴을 내비칩니다. 대부분은 뭔가 앞뒤 가리지 않고 열심히 한 후에 찾아옵니다. 긴장이 풀렸을 때가 의외로 불길한 타이밍이지요.

녀석들은 '반가워요! '망설임과 불안'입니다! 후훗, 또 오셨군요' 하고 갑자기 마음의 문을 노크해 오니까요. 불의의 습격도 정도껏이지 각별한 주의를 요하는 무례한 놈입니다.

갑자기 덮쳐 온 불안에 어떻게 대처하면 좋을지 고민하는 밤. '이대로도 괜찮을까?', '나는 대체 어떻게 된 걸까?', '이미 여기저기 상태가 안 좋아······' 하고 머릿속은 빙글빙글 돕니다.

'어째서 나만? 너무하잖아' 하고 눈물이 날 것 같다면 그건 말이죠, 당신이 지쳐 있다는 증거예요. 보세요, 또 자기 부정으로 내달리려고 하고 있잖아요!

바짝 긴장한 상태로 아주 열심히 했을 때는 성취감이라는 행복의 여운에 잠겨 있고 싶어지는데, 그런 때일수록 '축제가 끝난 후'와 같은 빈 껍데기가 되기 쉽습니다.

어쩌면 그 최선을 다해서 해낸 집중력이 실은

초조함과 불안의 이면이었는지도 몰라요.

인간이란 참 희한해서 달리고 있을 때 쾌감을 잘 느끼는 동물입니다. 머릿속 어딘가에서는 목표가 있고 그 목표를 이뤄 내기 위해 노력하고 있는 스스로 취해 있는 것인지도 모릅니다.

'잠도 안 자고 열심히 할 수 있는 나, 최고야!' 하고요. 그렇기 때문에 반대로 멈추게 되면 불안해집니다. 컨디션이 안 좋고 기력이 없는 건 나쁜 거라 굳게 믿어 버리는 겁니다.

당연한 소리지만 사람은 365일 24시간 아드레날린 대방출 상태로 살면 몸이 견디지 못합니다. 적당하게 '멈춘다'→'쉰다'→'몸의 긴장을 푼다'의 과정을 갖지 않으면 움직일 수 없게 됩니다.

간단히 말해 그저 '쉽시다'라는 이야기인데, 이게 말이죠 '노력파'에게는 엄청나게 허들이 높은 지극히 어려운 기술입니다.

일본은 '각고면려刻苦勉勵', '분골쇄신粉骨碎身', '불면불휴不眠不休'와 같이 '노력과 근성'을 당연하다시피 강요하는 문화가 있어서 '노력할 수 있는 사람'='정의'라고 각인되어 있습니다.

즉 '쉬는 것=형편없는 인간'이라는 꼬리표를 스스로에게 강력 접착제로 붙여 두는 면이 있다는 말입니다.

'목표도 없다', '뭘 하면 좋을지 모르겠다', '보람 따윈 없다'='무기력한 나'로 고민하는 어린양들이 저를 많이 찾아오는데, 애초에 '어떻게 살지?'에 대한 답을 안다면 위대한 종교인이 될 수 있겠지요.

그렇게 훌륭해지지 않더라도 지금 이 순간 고만고만한 행복을 느낄 수 있다면 그것만으로도 좋다는 생각이 들지 않나요?

쉬고 있을 때는 생산성이 오르지 않는 상태로 느껴져 스스로를 용납하지 못하는 사람이 있는데, 어쩌면 '쉬는 것'과 '일하는 것' 사이에서 흔들리며 '어중간한' 상태로는 견딜 수 없는 것뿐인지도 모릅니다.

지금의 당신은 몸을 혹사한 결과로 여러 가지 불쾌한 증상이 나타났으니, 우선은 제대로 된 '쉼'을 스스로에게 허락해 주세요.

환자들 중에는 '왜? 왜? 어째서? 여자'가 되어 버린 분도 있습니다.

"왜, 저는 잠들 수 없을까요?(슬픔)"

"왜, 여기가 아플까요?(절규)"

"어째서, 계속해서 통증이 덮쳐 오는 걸까요?(탄식)"

답은 정해져 있어서 '부정수소 때문'이지만, 좀 더 친절하게 설명하자면 '피로와 스트레스가 원인이 되어 신경의 활동이 나빠졌으니까'라고 할 수 있습니다. 계속해서 다른 부위로 통증이 옮겨가는 이유는 사람은 가장 강한 통증을 느끼도록 만들어져 있기 때문입니다.

증상이 변화한다는 것은 나아 가는 과정이기도 합니다. 혈류가 개선되면 나빠지고 좋아지고를 반복하면서 컨디션은 점점 올라갑니다.

제가 드리는 어드바이스는 '구애되지 말라, 속박되지 말라, 몸의 소리를 제대로 들어라!'입니다.

자율신경실조증과 갱년기 장애는 분명 괴롭습니다. **하지만 '어째서?', '왜?' 하고 원인을 추궁하면 할수록 회복은 늦어집니다. 내 안에 있는 불안을 여기저기로 퍼뜨리는 일밖에 되지 않기 때문입니다.** 그보다는 '아아, 몸을 좀 혹사시켰네. 푹 쉬어야 할 듯' 하고 좋은 의미에서 단념하면 됩니다.

종교 평론가인 히로사치야 씨에 따르면, '단념하다'의 어원은 '똑똑히 보다'. 즉 본질을 '분명하게 하는' 것이라고 합니다. 분명함의 '명'의 어원은 창을 통해 들어오는 달빛으로 사물을 보는 것.

즉 뭐든 '적당한' 정도가 중요하다는 뜻이 아닐까요.

당신을 괴롭히고 있는 그 증상은 질병이 아닙니다. 자율신경실조증이라는 '증상'이 초래하는 것이지요. 이것이 당신을 괴롭게 만드는 '본질'이니 어떠한 금지 사항도 없습니다. **당신은 느긋하게 좋아하는 일을 하면 됩니다. 답은 당신 안에 분명히 있으니 '왜, 어째서' 하며 초조해하지 마세요.**

인생, 때로는 달빛 속에서 모든 걸 어렴풋이 바라보는 시간 또한 좋답니다.

오늘도 시술실에는 자신감을 갖지 못하는 사람이 찾아옵니다. '그 자신 없음'은 어디에서 오는 걸까요?

> From Atsuko
>
> **몸이 안 좋은 상태를 물끄러미 바라보고 있어 봐야, 쓸데없는 긴장만 만들어 낼 뿐.**

5장

캔 맥주 하나로
행복해지는 레슨

25. 자기 자신에게 '전력 겸손'은 필요 없다!

스스로를 응원하는 말, 의식해서 사용해 보자

'죄송합니다'를
너무 많이 하다 보면,
그 끝에는
'저 같은 게 있어서
죄송합니다'가
된다고

물론 자신의 체력이나 능력에 대해 지나친 자신감을 갖는 경우에도 제때 멈추지를 못해서 병드는 케이스가 있는데, 이쪽은 '지나침'을 멈추기만 하면 되는 문제이기 때문에 괴로운 증상에서 벗어날 길이 있습니다.

문제는 자신감이 너무 없어서 병드는 케이스입니다. 에너지가 고갈된 상태여서 한 걸음 내딛는 것조차 힘이 듭니다.

자신감이 없는 이들은 사람이 너무 좋아서 그런지 '죄송합니다'라고 말하는 버릇이 몸에 밴 경우가 많습니다. 점원에게 말을 걸거나 할 때는 제외하더라도, 가만 보면 그런 장면의 대부분은 딱히 사과할 상황도 아닌데 단순히 '방어'의 말로서 조건반사적으로 튀어나오는 말일 때가 많습니다.

우선은 전봇대를 보면서도 고개를 꾸벅할 것만 같은 그 습관적인 행동을 스스로 알아차리길 바랍니다. 그리고 '죄송합니다'를 다른 말로 바꿔 볼 수는 없을지 조금만 생각해 보는 겁니다.

'실례합니다(했습니다)', '미안합니다', '고마워'…….

'죄송합니다'는 편리한 말이기는 하지만, 우리말에는 다양한 표현이 있잖아요.

특별히 칭찬하는 말에 익숙지 않은 사람이라면, '고마워'의 경험치를 의식적으로 높이려 하다 보면 해피한 감정은 조금씩 늘어납니다.

누군가 당신의 머리 스타일을 칭찬해 주면 "아니, 좀 많이 자른 것 같기도 하고……"라고 변명처럼 에둘러 말하며 쑥스러움을 감추지 말고, 우선 "고마워" 하고 솔직해져 봅시다.

말의 선물을 받은 셈이니 그 보답으로는 솔직한 감사가 어울린다고 생각하지 않나요?

다른 사람이 건네는 선물을 순수하게 받아들이지 못하는 사람은 스스로에게 하는 선물도 두려워서 잘 못합니다. 이는 어떤 의미에서는 불안감이나 자신 없음의 이면이라고 할 수 있는데, 자기 자신에게 '전력 겸손'은 필요 없습니다.

특히 '아~, 나 같은 건……' 하는 생각이 들 때일수록 스스로에게 힘을 줄 수 있는 말을 입으로 내뱉어 보는 겁니다.

"괜찮아!"

"반드시, 잘될 거야."

"나는 할 수 있는 사람이야! 분명 할 수 있어"

"잘하고 있어!"

그때 머릿속 한구석에 '늘 등장하던 자기혐오라는 이름의 녀석'이 나타나서 '그럴 리 없잖아'라며 비웃기 시작했다 해도 상관하지 말고 긍정적인 언어를 말로 내뱉어 보자고요. 이 부분이 극복의 포인트입니다.

직접 소리 내서 말하면 스스로에게 용기를 주는 말들이 자동으로 당신의 귀에 닿게 되는 시스템입니다. 분명 뇌 속에서도 이 긍정적인 언어가 기분 좋게 울리기 시작할 겁니다.

그중에서도 '괜찮아'라는 말은 최강입니다. **근거도 필요 없습니다. 나약한 자신을 칭찬의 말로 다 덮어 버리면 됩니다. 스스로 발목을 잡는 말 때문에 삶이 괴로워진다면 그 말과는 이제 화려하게 작별할 타이밍입니다.**

당신을 응원해 주는 서포터는 사실 당신이 깨닫지 못하고 있을 뿐 꽤 존재하고, 그중에서도 최강이자 최고의 응원단 리더는 늘 '당신 자신'이라는 사실을 잊지 마세요. 자, 속는 셈 치고 한번 해 봅시다.

"괜찮아! 반드시, 괜찮을 거야!"라고 말이에요.

만약 다른 사람이 '너의 최선은 그 정도?'라며 건드린다고 해도, 당신이 '최선을 다하고 있다'면 그것은 의심할 여지 없는 사실입니다. 여기서 다른 사람의 평가는 필요하지 않다고 딱 잘라 결론 내리는 것이 중요합니다.

당신 스스로가 자신을 통째로 인정해 주지 않으면 '죄송합니다', '죄송합니다'가 말버릇이 되고, 결국에는 '나 같은 게 존재해서 죄송합니다'가 되고 맙니다.

그렇게 되면 자신이 우위에 있음을 어필해서 스스로 기분을 달래는 사람이나, 당신을 자기 아래로 보며 통쾌해하는 사람을 주변으로 자연스럽게 불러들이게 됩니다. **당신을 소중하게 대하지 않는 사람들을 주변에 모으면 안 됩니다.** 왜냐하면 그러다 보면 점점 자신조차도 스스로를 소중히 대할 수 없게 되기 때문입니다.

누구와 사귀든, 누구와 대화하든, 누구와 밥을 먹든, 모두 당신이 정하면 됩니다. 그런 자유를 갖는 것이 어른의 특권이잖아요.

먼저 오늘 자신에게 있었던 아주 작은 일을 칭찬하는 것부터 시작해 보면 어떨까요?

소소한 '좋네!'를 스스로에게 가득 불어넣어 줄 수 있게 되면, 당신은 '나쁘지 않은 매일'을 알아차리게 될 겁니다.

자, '최선을 다하고 있다'라고 스스로에게 말해 주는 것부터 시작입니다. 이것이 에너지 회복의 첫걸음이 됩니다.

환자에게 시술하다 보면 기쁜 순간이 많은데, 그중에서도 가장 기쁜 것은 역시 환자가 '아~, 정말 편해졌어요!' 하고 웃는 얼굴을 보여 줄 때입니다.

> **From Atsuko**
>
> **그 병, 자신을 부정하고 있으면 평생 낫지 않아요.**
> **스스로 칭찬해 줄 것.**

26. 잘 떠드는 여자는 쾌유하기 쉽다?

즐기도 하고 푸념하기도 하면서 기분을 정리한다

전문가의 힘을
빌려서라도
자기 회복력을
발동시켰다면,
그건 이제 내 거!

특히 같은 여자라서 그런지 환한 미소를 되찾은 여성은 역시 보기 좋구나, 하는 생각이 듭니다.

여성은 섬세해서 여러 가지 일에 눈치가 빠릅니다. 그만큼 상처받기도 쉽지요. 여성은 수다 떨기를 좋아한다는 말을 많이들 하는데, 그렇게 눈치챈 사실들을 그저 입 밖에 내는 것뿐인 경우도 많습니다. 보세요, 남성은 드라이브 중에도 마치 '골을 향해!'라고 말하기라도 하듯 목적지까지의 최단 거리에 기를 쓰는 경향을 보이지만, 여성은 그보다는 가는 길 자체를 즐기는 쪽을 중요하게 생각하니까 그저 창밖으로 보이는 간판을 별 뜻 없이 읽는다거나 하잖아요.

시술에서도 남성과 여성의 차이가 나타납니다. 남성은 증상이 낫기만 하면 OK! 하는 사람이 많은데, 여성은 다릅니다. **쾌유에 플러스알파가 붙거든요. 그 플러스알파는 '(내 이야기를) 많이 들어 줬으면 좋겠다', '(나를) 많이 이해해 줬으면 좋겠다' 하는 것입니다.**

저도 여성의 한 사람으로서 그 마음은 정말 잘 압니다. 그래서 여성 환자가 저에게 몸을 맡기고 있는 동안에 자신의 고민을 털어놓는 것에 대해서는 전혀 불만이 없고, 오히려 기쁩니다.

왜냐하면 그것이 회복으로 가는 길이 되기 때문

입니다.

여성의 수다는 해방이기도 합니다. 어쨌든 감정이 계속해서 끓어오르는 생물이기 때문에 말하지 않고는 견딜 수 없습니다. 이런 이유로 수다는 환영입니다.

물론 증상이 심할 때는 아무래도 몸이 축 늘어지다 보니 수다 떨 상황이 아닐 때도 있고, 시술로 마음이 좀 누그러지면서 조는 경우도 꽤 많습니다.

요컨대 마음 가는 대로, 긴장을 풀고 편안하게 누워 있는 것이 중요합니다.

당연히 침구 치료는 몸을 진찰하면서 하지만, 몸과 마음은 일체이기 때문에 마음 케어도 동시에 할 수 있으면 좋겠다는 생각을 합니다.

인간은 몸의 특정 부위만 아파져 오는 것이 아니라, 대부분은 몸 전체가 약해져 있는 상태에서 그중에서도 유난히 약해진 각 부분에 통증이 집중됩니다. **하지만 약해지는 과정에는 멘탈적인 문제도 있어서 몸만 제멋대로 약해지지는 않습니다.** 그러므로 통증을 느끼는 각 부분뿐만 아니라 마음까지 포함해 심신 전체를 살펴야 합니다.

이렇게 말하면 제가 어떻게든 여러분의 몸과 마음을 낫게 해 줄 것처럼 보일지 모르지만, 사실은 회복을 도울 뿐 실제로 낫게 하는 것은 환자 본인입니다. 역시 '낫고 싶다'라는 마음가짐이 가장 중요합니다.

이러니저러니 해도 시술실에서는 파트너에 대한 푸념이 터져 나오는 경우도 많습니다. 그래요, 저밖에 듣지 못하는 폐쇄된 공간이니 무슨 말이든 허용됩니다. 푸념을 쏟아내는 것은 치료를 향한 첫 걸음. 아프고 괴로운 증상에는 먼저 '푸념 쏟아내기'입니다.
"남편이 싫어요. 사실은 헤어지고 싶어요."
"하지만, 아이가 있어서 경제적으로 무리예요."
이런 고민도 많습니다.

'참고 견디는 수밖에 없는데, 하지만, 하지만, 하지만······'이라는 생각이 스트레스를 불러 자율신경의 밸런스를 무너뜨리는데, 굳이 말하자면 먼저 몸 상태가 나빠지고, 마치 연동되듯 마음의 컨디션까지 나빠집니다.

그녀들은 시술대 위에 엎드린 채 '하지만', '하지만' 하고 푸념을 계속 쏟아내면서도, '그것도 아니야', '이것도 아니야'라며 궁리하기 시작합니다. 그러면서 점차 자신의 마음을 정리해 갑니다.

'헤어지고 싶기는 하지만, 함께하는 수밖에 없다고 각오를 다졌어.'

'헤어지고 싶으니까, 이혼할 수 있도록 장기 계획을 세워야겠다.'

'다시 한번 관계 구축을 할 수는 없을지 살펴봐야지.'

여자들의 결단은 다양합니다. 그리고 결단을 내릴 때의 결정타는 이 한 가지뿐입니다.

'진정 나는 어떻게 하고 싶은가?'

이걸 깨달았다면 당신은 스스로를 괴롭히고 있는 아픔으로부터 절반 이상은 탈출했음이 분명합니다.

그러나 그 '결단'까지 가는 길은 간단치가 않습니다. 간단하지는 않지만 **모든 사람은 '자기 회복력'을 가지고 있습니다. 자신이 원래부터 가지고 있는 그 힘을 믿었으면 합니다.**

어린 시절, 자전거의 보조 바퀴를 뗐을 때의 일련의 흐름을 떠올려 보세요. 처음에는 비틀거리지만, 누가 뒤에서 잡아 주는 시기를 거쳐 어느 날 갑자기 잡아 주는 그 손이 없어도 힘차게 발을 구르며 나아갈 수 있게 되는, 그런 느낌입니다. 이 '자기 회복력', 건강하지 않은 상태에서는 자력으로 일으키기는 조금 어렵습니다. **그러니 처음에는 '여기서라면 조금 건강해질 것 같기도?'라는 생각이 드는 곳을 찾아 전문가의 힘을 빌려 에너지를 충전해**

보세요. 몸에 기력이 가득 차기 시작했다면 그것은 이제 내 것입니다. '나, 사실은 어떻게 하고 싶지?'라는 명제에 답을 내리게 되는 순간이 곧 찾아옵니다.

갱년기는 흔들리는 시기여서 괴롭습니다. 그런데 말이죠, '몸이 안 좋다'의 진짜 요인을 깊은 곳까지 파 내려가 보면서 생각할 수 있는 시간이기도 합니다. 이러한 갱년기의 플러스알파를 생각하면 이 계절이 지나간 후가 무척 기대되기 시작할 거예요.

From Atsuko

여기서 일단 정리될 수 있으면, 그다음 인생은 나의 것.

칼럼 9 여자는 늘 림프액을 흐르게 하라

림프라는 말, 오랜 세월 여자로 살다 보면 한 번은 들어 본 적 있을 거예요. 림프란 림프관과 림프액, 림프샘의 총칭입니다. 우리 몸에는 혈관처럼 몸 전체에 둘러쳐진 림프관이 있고, 그 속에는 림프액이 흐르고 있습니다. 그 각 중계지점에서 여과 장치의 역할을 하는 것이 림프샘입니다. 체내에서 발생한 노폐물이나 독소를 회수하고 배출할 뿐만 아니라, 세균 등을 퇴치하고, 바이러스에 대한 항체를 만드는 면역 기능도 담당하는 든든한 존재입니다. 이러한 활동 때문에 '하수관'이라는 표현을 써서 설명하는 경우도 있습니다.

림프관에는 심장과 같은 강력한 자력 펌프 기능이 없어서 이를 움직이게 하려면 림프관을 둘러싼 근육의 활동이 필요합니다. 따라서 줄곧 같은 자세로 있거나 운동이 부족하면 근육의 움직임이 불충분해지기 때문에, 림프액은 흘러 내려가지 않고 정체됩니다. 그렇게 되면 부종이나 냉증, 어깨 결림, 피로감 등의 증상이 나타나고, 그 외에도 면역력이 떨어져서 감기에 걸리기도 쉬워집니다.

즉 림프의 흐름을 원활하게 하기 위해서는 몸을 움직이거나 따뜻하게 하는 것이 중요하고, 여기에 더해 림프 마사지도 효과적입니다. 하는 방법은 이런 식입니다.

① 귀밑 움푹 들어간 곳에서 시작해 목을 지나 쇄골까지 쓰다듬는다.

② 쇄골 위아래의 움푹 팬 곳을 따라 중앙에서 어깨 끝 쪽을 향해 쓰다듬는다.

③ 손가락 네 개를 가지런히 해서 겨드랑이 밑에 두고, 원을 그리듯 마사지한다.

④ 양손을 서혜부(다리와 몸통이 연결되는 부분-옮긴이)에 대고 위에서 아래로 쓰다듬는다.

⑤ 종아리에서부터 허벅지 뒤쪽을 향해 쓰다듬어 올린다.

한 번에 다 실행할 필요는 없지만, 주의할 점은 부드럽게 흐르게 하듯이 쓰다듬는 것. 림프관은 매우 섬세하기 때문에 강하게 누르는 것은 금물입니다. 림프가 지나는 길은 피부 바로 밑에 있습니다. 손으로 부드럽게 쓰다듬기만 해도 흐름을 정돈할 수 있으니, 샤워 후의 습관으로 만들어서 부드러운 터치로 쓰다듬어 보세요.

혈액 순환이 좋아져서 몸이 가벼워질 거예요.

누르는 것은 NG, 쓰다듬는 거예요

27. 방법이 없음을
알고는 있지만……

계속 피 흘리며 40년. 잘도 살아남았다!

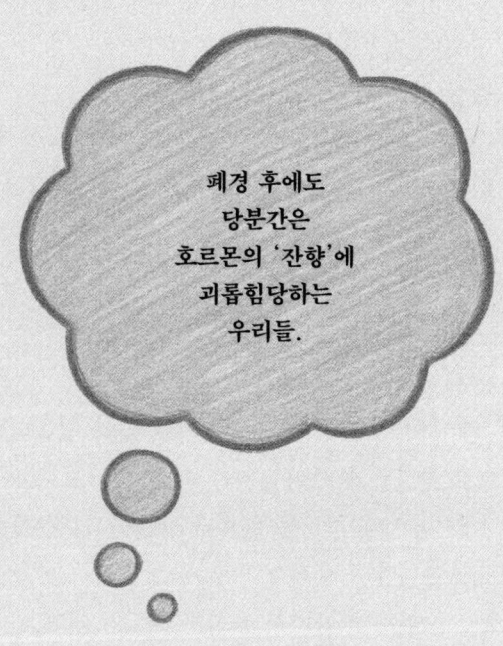

폐경 후에도
당분간은
호르몬의 '잔향'에
괴롭힘당하는
우리들.

전문가의 의견을 한데 모아 요약하면, 여성의 생리혈 양은 한 주기에 20~140ml라고 합니다. 평균 100ml라고 하고, 10세에 초경을 하고 50세에 폐경을 한다고 하면 임신·출산을 빼고 40년으로 단순 계산했을 때 48L입니다. 이건 정말이지, 장렬하지 않나요? 몸에서 48L나 피가 흘러나오는 거니까요.

많은 여성들이 불합리하다는 생각을 하면서도 '원래 그런 거니 어쩔 수 없지'라는 득도의 심경이지 않을까 싶은데, 새삼스레 생각해 보면 이게 다른 부위에서의 출혈이었다면 과다 출혈로 몇 번이나 죽었어야 했는지도 모를 일입니다.

게다가 대부분은 통증이 동반되고, 감정 상태도 매우 안 좋아지는 경우가 많지요. 매달 호르몬의 업다운으로 몸도 마음도 심하게 휘둘립니다.(폐경하더라도 그 후 몇 년간은 호르몬의 '잔향'에 괴롭힘을 당하기는 하지만요)

출산도 콧구멍으로 수박을 내보내는 정도의 고통이라는 말은 자주 듣는데, 임신 중의 고통 역시 상당합니다. 태아의 무게 약 3kg+태반의 무게 약 0.5kg+양수의 무게 약 0.5kg+임신에 의해 증가한 자궁·유방·혈액 등의 무게 약 4kg=약 8kg. 이 무게를 내 몸 하나로 지탱하면서 출산에 임하는 것입니다.

게다가 낳고 나서는 또 그거대로 끝이 없는 고생이 기다리고 있으니, 듣기만 해도 이미 어머니란 얼마나 위대한 존재인가 싶어집니다.

이렇듯 여성은 여성이라는 사실만으로도 원래부터 잘 참고 견디는 존재입니다. 그것도 '다들 그러니까'라는, 알다가도 모를 이치로 한층 더한 인내를 강요받기 마련입니다. 조금이라도 심기가 불편하거나 짜증 나 있는 듯 보이면 뒤에서 '히스테리', '갱년기 아줌마'라는 험담을 듣게 되는 부당한 처사가 뒤따릅니다.

그렇다 한들, 언제나 늘 웃는 얼굴로 기분 좋게 있으라고 하는 쪽에 무리가 있어요!

매월 피를 계속 흘리며 벌써 수십 년, '동지여, 잘도 살아남았다!'라며 다 같이 부둥켜안고 싶은 정도입니다.

여성의 인생은 분명 힘듭니다. 남성과 비교했을 때 체력 면에서 핸디캡이 있고, 사회적 지위 면에서도 아직은 남성 중심의 사회라고 할 수 있지요. 임신과 출산도 여성의 신체에 큰 부담을 줍니다.

하지만 다음 세대를 짊어지고 나갈 아이를 낳는 기능을 가진 우리에게는 남성은 맛볼 수 없는 매력과 즐거움이 많은 것 또한 사실입니다.

오히려 이러한 괴로움이 있기에 느낄 수 있는 행복도 분명 많지 않을까요.

여러 상황을 알아차리는 타고난 능력, 그리고 온갖 것에 대한 감각이 예민하다는 점이 대표적입니다. 이 특성으로 인해 여자들끼리의 연대는 굳고 강합니다. 그 이유는 시대를 조금만 거슬러 올라가 보면 인간 역시 여성들끼리 서로 도우며 '무리' 안에서 육아를 하던 습성이 있었기 때문입니다. 그래서 남성에 비해 여성은 커뮤니케이션 능력이 뛰어난데, 이 능력 덕분에 예를 들어 처음 만난 사람과도 뭔가 실마리만 있으면 원래 알던 친구 사이로 오해받을 정도로 대화의 꽃을 피우는 일에도 익숙합니다. 베테랑 여성이 되어갈수록, 갑작스러운 여자 모임을 즐기는 여유도 생깁니다. 이러한 존경을 받아 마땅한 능력치는 여성만이 가지고 있다고 할 수 있지요. 물론 허물없이 편한 친구와의 수다로 스트레스를 푸는 여성도 많습니다.

사람은 계속 고민을 안고 살아가는 생물인데, 그럴 때 그저 들어 주는 사람이 있다는 사실만으로 힘이 나기도 합니다. 마음을 털어놓는 데 능숙한, 즉 삶을 사는 방식에 능숙하다는 점에서도 여성 쪽의 손을 들어줄 수 있겠네요.

또한 여성 특유의 화사함과 밝은 기운은 이 사회에 없어서는 안 되는 요소입니다.

아무런 제약 없이 패션이나 메이크업을 즐기며 축적되어 온 부분도 있습니다.

'인생이란 편안함이 있으면 괴로움도 있다'라는 드라마 〈미토 고몬水戸黄門〉의 주제가 가사는 오히려 그 반대인지도 모릅니다.

'인생이란 괴로움이 있으면 편안함도 있다.'

갱년기가 되면 '아무 데도 아프지 않은 아침을 맞이하고 싶다'라는 바람이 생기기 마련인데, 몸과 마음의 아픔을 다 겪어 왔기 때문에 오히려 감사함을 느낄 때의 기쁨도 한층 더 큽니다.

우리가 지금 겪는 아픔은 어쩌면 이 즐거움을 마음껏 맛보기 위해 존재하는 것인지도 모릅니다. 가끔은 그 즐거움조차 괴롭게 느껴질 때도 있겠지만, 여성만이 누릴 수 있는 은총도 많이 있답니다. 괴롭고 힘든 만큼 얻을 수 있는 것도 많고, 결국은 성장할 수 있다는 말이지요. 여성 만세입니다.

저 말인가요? 저는 다음 생이 있다면 역시 여자로 태어나고 싶습니다. 그도 그럴 것이, 이러니저러니 해도 여자로 사는 건 즐거우니까요.

> From Atsuko
>
> **'역시, 여자라서 좋잖아' 나는 그렇게 생각해!**

28. 우리는 너무 달리고 있는 건지도?

하루 끝에는 '수고했어, 나 자신!'

이제 반환점에
온 거니까,
그렇게 서두르지 않아도
되잖아? 라는
컨디션 난조의 가르침.

갱년기를 맞이했다는 것은 인생의 거센 파도 한두 개쯤은 잘 극복하면서 무사히 여기까지 도달했다는 말이기도 합니다. 우리 모두, 열심히 잘해 왔어요.

육아에 가사에 회사 일에 부모님 간병까지. 개중에는 투잡, 쓰리잡을 하는 여성도 있겠지요.

매일 달리고 달리고 숨 돌릴 틈도 없을 정도로 달려 나가다 보니, 무엇을 위해 계속 달리고 있는지조차 알 수 없게 되어, 몸은 분명 지쳐 있는데도 신경만이 흥분되어 있는 것 같은……. 그런 여자들이 너무 많습니다. 자기 내면에서 무슨 일이 일어나고 있는지도, 어떻게 하면 좋을지도 생각할 수 없고, '오늘은 더이상 아무것도 하고 싶지 않아'라고 느끼는 날이 오히려 더 많은 듯합니다.

정말이지 우리는 너무 달려오기만 했는지도 모릅니다.

'속도를 올리기만 하는 것이 인생이 아니다.' 마하트마 간디의 말입니다.

차를 운전할 때 속도를 점점 올리면 눈앞에 보이는 시야는 점점 좁아집니다. 숲이라고 하면 바로 눈앞의 나무밖에 보이지 않는 상태입니다.

괴로운 증상으로 말하면, 통증에 지나치게 집중

하다 보니 그 통증에만 눈이 가게 되는 상태라고 할 수 있지요. 그럴 때는 몸과 마음 전체를 순찰하면서 어느 곳에 스트레스가 작용하고 있는지를 조금만 멀찍이서 바라봐 주세요.

사람은 '빠르면 빠를수록 좋다'라고 생각하기 마련입니다. 전철역 플랫폼에서도, 엘리베이터에서도, 식사할 때조차도, 다들 마치 '더 빠르게!'를 목표로 하는 듯합니다.

지나치게 속도만을 추구하다 보면 우리도 모르는 사이에 점점 신체에 부담이 가해집니다.

이제는 우리의 인생도 슬슬 반환점을 맞이하고 있습니다. 그렇게 서두르지 않아도 되는 나이가 되었다는 말입니다. 이를 컨디션 난조라는 사인으로 알려주고 있는 것이 '갱년기 장애'를 포함한 '자율신경 실조증'입니다.

어쨌든 그럴 때는 일단 멈춰 서서 빈둥거리며 태평하게 지내는 것이 가장 좋습니다. **모토는 '천천히, 느긋하게'입니다.**

괜찮아요. 초조해할 필요는 전혀 없습니다. 느긋하고 평온한 마음으로 일단 쉬다 보면, 다시 건강하게 앞으로 나아갈 수 있게 되니까요.

'서두르지 않아도 괜찮다'라는 사실을 깨닫는

순간 주변 풍경은 지금과는 전혀 다르게 보입니다. 그건 그거대로 지금까지는 그냥 지나쳐 온 것들을 알아차리는 새로운 발견입니다. 앞으로 펼쳐질 인생이 밝게 느껴질 수 있는 실마리가 됩니다. 그 사실을 깨닫기만 해도 정체되어 있던 몸에 활력의 에너지가 조금씩 순환하기 시작합니다.

친구가 '여자의 인생이란 여배우 일 같네'라고 중얼거린 적이 있는데, 일리 있는 말인지도 모릅니다. 인생이라는 무대에서는 딸이었다가 직장인이었다가 아내였다가 엄마였다가 그냥 여자였다가, 막이 바뀔 때마다 다양한 배역이 주어집니다. 무대 위에서는 마치 일인극의 배우처럼 혼자서 온갖 역할을 맡는 경우도 많을 테지요.

때로는 제대로 해내지 못한 기분이 들 때도 있고, 때로는 생각대로 되지 않는 인생에 마음이 꺾이는 일도 있을 겁니다. 그런데 말이죠, 그것이 오히려 일반적이라는 생각이 듭니다.

그리고 이 '일인극'이라는 인생의 주인공은 틀림없는 자기 자신이에요. 즉 이 몸과 마음이 하나로 움직여서 당신이 존재합니다. 한평생 이 몸과 마음으로 함께하는 겁니다.

물론 누구나 아픈 건 싫지만, 우리의 의사와는

반대로 역시나 매일 몸 어딘가에서 아픔을 느낍니다. 원전 무결한 몸을 갖고 싶지만, 그걸 목표로 하다 보면 반대로 지쳐 버립니다.

그 부분은 어느 정도 세월이 쌓인 데다가 오랜 시간 혹사시켜 온 몸과 마음이니, 앞으로는 스스로에게 좀 더 너그러워졌으면 좋겠습니다.

아픔은 젊었을 때와는 달리 하루아침에 '완치'되지는 않습니다. 하지만 그것도 어떻게 받아들이는지에 따라 달라진다고 생각합니다.

'(약간의) 통증은 있는 게 당연하지. 그래, 이제 완벽을 목표로 하지 않아도 괜찮아'라고 사고방식에 변화를 주기 시작하면 사는 게 편해집니다. **자신을 부정하고 있어 봐야 괴롭기만 할 뿐이니까요.**

저도 이런저런 일들이 있지만, 하루의 끝에는 '수고했어, 나 자신!'이라고 말하면서 치익 하고 딴 캔 맥주로 저 자신과 건배하고 있습니다. '오늘도 그럭저럭 살았네……' 하면서요. 그걸로 제법 행복해지거든요.

지금까지만 해도 우리는 어떻게든 살아올 수 있었습니다. 앞으로도 마찬가지로 어떻게든 될 거예요!

그렇게 믿고 인생이라는 이름의 항해를 함께 계속해 나가 봅시다.

그래요, 오늘도 '아~, 정말, 뭐지? 진짜 아파!' 든 뭐든 불평하면서 말이죠.

> **From Atsuko**
>
> 미래는 밝다. Don't worry. Be happy.

칼럼 10 여자는 늘 다리를 떤다?

여자는 어느 정도 연륜이 쌓이면 스트레스도 켜켜이 쌓이고, 호르몬의 혼란과 함께 자율신경의 밸런스가 무너져 마치 '절대적 컨디션 난조 행' 급행열차에 탄 듯한 기분이 드는 법입니다.

'이제 평생 이렇게 살아야 하는 건가!?'라는 생각으로 한층 더 불안해지는데, 그럴 때일수록 '굳이 OO해 본다'를 추천합니다.

OO은 '굳이 움직여 본다'라는 식으로 다양한 조합을 생각해 볼 수 있습니다.

예를 들어 '산책'이나 '요가', '근력 운동'. 지금이야 시대가 좋아서 유튜브에서도 각 분야 전문가들이 초심자부터 상급자까지 레벨에 맞춰 제공하는 각종 프로그램의 동영상을 접할 수 있습니다. 집에서 무료로 전문가의 레슨을 받을 수 있다니, 정말 감사하지요.

뭐 갑자기 에어로빅을 하라고 하면 허들이 너무 높겠지만, '음, 이대로는 안 되겠지' 싶을 때가 기회입니다!

'아~, 귀찮아! 움직이기 싫어!'라는 생각을 떨치고 일어나서 처음에는 1분 동안 '굳이 해 본다'에 도전하는 겁니다. 먼저 그 자리에서 다리를 계속 떨기. 혈류 개선에 매우 좋습니다. 거기에 더해 흥이 올랐다면 제자리걸음. 거기서 조금 더 기분이 업 되었다면 스쿼트 5회에서부터 시작해 봅니다. 혈류를 위해서라면 하지 않는 것보다는 훨씬 좋아요!

통증이 급성기일 때는 움직이지 않고 안정을 취하는 편이 좋은 케이스도 많으니, 그럴 때는 제외입니다.

급성기를 지나면 만성기로 옮겨 갑니다. 만성기가 되면 근육이 딱딱해지기 때문에 혈류가 나빠져서 피로해진 부위에 산소와 영양이 전달되지 못합니다. 그 결과 굳이 말하자면 '몸이 무겁다' 싶은 통증을 느낍니다. 그 부위에 냉기를 느끼는 경우라면 더더욱 따뜻하게 해서 혈류를 개선하는 것이 '절대적 컨디션 난조 행' 열차에서 내리는 비법입니다.

생각을 너무 많이 하지 말고 일단 움직이는 것도 컨디션 난조의 해결로 향하는 길이 됩니다.

'굳이 움직이기'를 해 본다

번외편

아쓰코와 린코의 대담

자율신경실조증의 괴로움의 원인은 내 안에 있습니다. 지금이 몸과 마음을 다시 들여다볼 기회입니다.

아픔을 가진 여성의 피난처를 목표로 28년간 침구사로서 힘써 온 아쓰코 선생님, 그리고 아쓰코 선생님의 환자이자 이 책의 '듣고 적기'를 담당한 도리이 린코 씨. 같은 갱년기 세대이기도 한 두 분에게 다시 한번 통증이나 컨디션 난조와 마주하는 방법에 관해 이야기를 들어 봤습니다.

린코 아쓰코 선생님, 제가 처음 선생님을 찾아갔을 때의 일, 기억하고 계신가요?
아쓰코 네, 아마 2년쯤 전이었지요?
린코 서문에도 적었지만 그때는 '이제 죽을 것 같다!'싶을 정도로 이상한 증상들이 갑자기 나타나기 시작했는데, 하지만 병원에 가도 의사에게는 별다른 이야기를 듣지 못해서 '지푸라기라도 잡는 심정'으로 이곳(아쓰코 선생님의 침구원)을 찾아왔어요. 그런데 선생님이 제 몸을 대강 촉진해 보시더니 "괜찮아요! 나을 수 있으니까! 저는 이런 거 특기예요. 맡겨 주세요!"라고 말씀하시길래 〈닥터-X 외과의 다이몬 미치코〉의 요네쿠라 료코(주인공 '다이몬 미치코'를 연기한 배우-옮긴이)인가, 하고 생각했어요.(웃음)

아쓰코 아니 그게, 나을 거니까!(웃음)
린코 씨 같은 증상을 호소하는 여성은 많아요. 아마 다들 몸이 안 좋아지면 처음에는 병원에 갈 거라 생각해요. 그건 맞는 거예요. 심각한 질병의 가능성을 지우기 위해서라도 병원에는 갔으면 해요. 병원에서 '질병은 아니다'라는 진단이 내려지면 안심하고 다음을 생각할 수 있으니까요.

린코 그 '질병은 아니다'라는 사실은 감사할 일이기는 하지만, 그렇다고 해서 증상이 낫는 건 아니니까, '그럼, 뭐야?' 싶은 생각도 들고, 의료적으로 방치되는 듯한 기분이 들어서 점점 불안해졌어요.

아쓰코 자율신경실조증은 지금까지 경험해 본 적 없는 무척 힘든 증상을 느끼다 보니 실제로 그 상황이 되면 괴로울 수밖에 없어요. 불안은 불안을 불러오는 법이라, 린코 씨의 그런 기분은 당연하다고 생각해요.

린코 늘 선생님이 먼저 "그 괴로움 이해해요. 그도 그럴 게, 같은 여자니까요" 하고 말씀해 주셔서 뭔가 안심이 됐어요. 의사를 나쁘게 말하려는 건 아니지만, 요즘 의사는 다들 컴퓨터 화면을 보면서 이야기하다 보니 제 얼굴을 보지도 않아요. 그래서 증상에 맞는 약을 처방하기만 하는 듯한 느낌이 들어서……. 그렇게 진료 보는 게 5분 정도니까, 저는 정말 괜찮은 건가요? 하는 생각이 든 적도 많고…….

뭐, 반대로 생각하면 위중한 질병은 아니라는 건데, 자기중심적인 생각일 수도 있지만 좀 더 세심하게 신경 써 주길 바랐어요.(웃음) 그런 경험이 있다 보니 오히려 더 선생님에게 의지하게 되어 버린 건지도 모르겠네요.

아쓰코 대부분의 환자는 다들 그래요. 몸이 안 좋아서 병원에 가죠. 검사를 해 봐도 문제는 딱히 없고. 최종적으로 '당신, 몇 살이죠?'라는 질문을 받은 후에 '아! 그럼, 갱년기 때문에 오는 자율신경실조증이네요'라는 진단이 내려지고, 정신을 차려 보면 다섯 종류 정도 약을 먹고 있어요. 하지만 시간이 아무리 지나도 좋아진다는 느낌은 안 들죠. 나는 이대로 남은 인생도 이렇게 살아야 하는 건가? 하고 점점 의문이 피어오르기 시작해서 인터넷에서 여러 가지를 검색해 보고 침구사를 찾아오는…… 이런 패턴이 많아요.

린코 확실히 그래요. 일시적이라면 약에 의존하거나 하겠지만, 이거 계속 먹어도 정말 괜찮은 건가, 하는 새로운 불안이 생겨서 오히려 더 컨디션이 안 좋아지는 것 같기도 해요.

아쓰코 물론 서양의학에 의지하는 것도 중요하다고 생각해요. 하지만 갱년기 여성은 특히 더 그런데, 몸과 마음 양쪽으로 접근해 가지 않으면 개선이라는 상태에 이르기 어려워요. 하지만 고민을 들어 주는 누군가가 있는 것만으로도 마음이 편해지죠.

저는 사람에게는 반드시 자기 회복력이라는 힘이 있다고 생각해요. 약에 의존하지 않더라도 그 힘을 끄집어낼 수 있으면 그다음은 그냥 두어도 좋아질 테니까요.

린코 확실히 여성은 누군가 자신의 마음을 들어주고 공감해 주면, 그것만으로도 '앞으로 열흘 정도는 힘낼 수 있을지도?' 하고 생각하는 생물인데 (웃음), 그놈의 코로나19 때문에 그게 갑자기 힘들어지다 보니 멘탈은 다운. 동시에 몸 컨디션까지 안 좋아진 사람이 많은 것 같아요.

아쓰코 본문에서도 다뤘지만, 사실 컨디션 난조는 몸에 나타나는 쪽이 먼저인 경우가 많아요. 다들 인내심이 강하다 보니 비명을 먼저 지르는 건 몸이죠. 그 후에 바로 마음도 괴로워져 있음을 깨닫는 거예요. 몸과 마음은 일체이기 때문에 따로 떨어트릴 수 없어요.

마음의 문제는 무척 어려운데, 만약 상태가 안 좋다는 걸 느꼈다면 우선 몸쪽부터 접근해 보는 게 좋다고 생각해요. 혈류를 촉진하기만 해도 기력氣力의 '기氣'가 샘솟기 시작해서 다양한 곤경에 맞설 수 있을 만큼의 기력이 부활합니다.

린코 알 것 같아요. 저도 강연 전이라든지 마감 전 같은 때는 특히 몸의 컨디션 난조를 느끼니까요. 편집자 분들에게 호소하고 싶어요. 꾀병이 아닙니다! 라고.(웃음)

아쓰코 린코 씨는 밤샘이 너무 많아요.(놀람) 그런데 말이죠, 역시 40세부터 60세 전후까지의 20년은 괴로운 시기예요. 여성 호르몬인 에스트로겐이 점점 감소해서 밸런스는 무너지고, 그 결과 자율신경이 흐트러져서 여기저기 안 좋아져요. 여성의 컨디션 난조의 원인은 이게 거의 전부라고 해도 될 정도로 갱년기가 미치는 영향이 커요.

　결코 가볍게 봐서는 안 되지만, 동시에 '저항하지 마!'라는 생각도 해요.

　우선은 '아, 그런 나이에 접어들었구나' 하고 여성으로서 몸의 변화를 인정하는 것이 정말 중요합니다.

린코　확실히 갱년기 세대는 자기 일만으로도 힘든데 가족에게도 휘둘리기 쉽잖아요. 아이의 사춘기나 독립, 부모님의 간병, 남편의 정리해고나 정년퇴직.

　아이가 없으면 편하냐고 하면 또 그렇지도 않은 게 부모님의 노후에다가 자신의 노후, 그 이전에 자기가 하는 일에 대해서도 고민이 늘기만 하는 시기잖아요. 여자들은 끌어안고 있는 게 너무 많다 보니, 이유를 알 수 없는 스트레스로 찌부러져 버릴 듯한 기분이 드는 것도 무리가 아니라는 생각이 들어요.

아쓰코　여자는 컨디션 난조를 겪기 쉬워요. 그 컨디션 난조를 남성에게 이해하라고 하는 건 역시 무리가 있지 않을까 싶어요. 자궁도, 생리도 없으니까요.(웃음) 그래서 여성의 몸은 여성이 보는 것이 바람직하다고 저는 생각해요.

린코　선생님은 늘 '여성 침구사'가 늘어났으면

좋겠다고 말씀하시죠.

아쓰코 맞아요. 침구사의 자격을 가지고 있더라도 실제로 간판을 걸고 개업한 여성 침구사는 매우 적은 것이 현실이에요. 체력적으로 힘들다는 게 첫 번째 이유지만요.

여성 침구사가 늘어나게 되면 여성 특유의 자율신경에 대한 고민을 가진 사람들이 더 많이 구원받을 수 있을 거라 생각해요.

린코 꼭 선생님께서 '여성 침구사'의 응원단장이 돼서 괴로워하는 많은 여성들을 구해 주셨으면 합니다.

아쓰코 그러기 위해서라도 여성 침구사 여러분, 함께 열심히 해 봅시다. 목소리를 내 주세요. 기다리고 있겠습니다.

그리고 여성 여러분, 여성의 인생은 어떤 의미에서 '아픔'과 공존하는 인생이지만, 몸과 마음의 밸런스를 잘 유지하면서 하루하루 즐기면서 살아갑시다.

린코 이 책을 읽은 분이 '나, 분명 괜찮은 거지?' 하고, 조금이라도 힘을 내 준다면 기쁠 거예요.

선생님 그리고 독자 여러분, 감사합니다! 선생님께는 앞으로도 제 치료 잘 부탁드립니다.(웃음)

마치며

생각해 보면 제('도리이 린코')가 '침구원 야마자키 아쓰코'의 문을 두드린 건 2020년 봄의 일입니다. 당시는 신종 코로나바이러스 백신도 실용화 단계에 이르지 못한 상황에서 긴급 사태 선언이 발령되었고, 전 세계가 미지의 바이러스로 대혼란을 겪던 시기였습니다.

글을 쓰는 사람인 저는 생활이 평소와 그렇게까지 달라지지는 않았지만, 그럴 나이가 찾아와서인지 평소 건강에 주의하지 않은 탓인지, 세간의 '불안'의 파도를 정면으로 맞은 것처럼 어느 날 갑자기 컨디션이 무너지는 사태가 벌어졌습니다.

'휘청거릴 듯, 피가 역류할 듯, 말로 표현은 잘 못 하겠지만 몸 안의 무언가가 이상하다'라는, 영문을 알 수 없는 저의 호소에 아쓰코 선생님이 "알아요, 하지만 괜찮아요, 나을 거니까!"라고 말씀해 주신 건 앞서 이야기한 그대로입니다.

그래서 그때 생각했어요. '아, 사람은 그저 '알아요'라는 한 마디, 공감해 주는 것만으로도 이렇게 안심이 되는 건가……' 하고. 그때, 불안 덩어리이기만 했던 저는 아쓰코 선생님의 '괜찮아요!'에 구원받았습니다.

'이 선생님에게 오면, 어떻게든 되지 않을까?' 하고 희망을 발견한 순간이었습니다. 그때부터 아쓰코 선생님의 침구원에 다니게 되었고, 선생님의 시술에 대한 신념, 환자를 낫게 하고 싶다는 사명감 등에 깊이 감동했습니다. 그리고 제 몸 상태가 점점 좋아지면서, 아쓰코 선생님의 생각을 독점하는 것이 아니라 이곳에 올 수 없는 여성들에게도 널리 알릴 수 있으면 좋겠다고 생각하게 된 것입니다. 쇼가쿠칸의 다케시타 아키 씨에게 "책을 내지 않으실래요?"라는 제안을 한 건 딱 그 무렵이었습니다. "저도 갱년기 세대예요. 함께 여성들의 몸과 마음을 편하게 해 줄 수 있는 책을 만들어 봐요"라고 말씀해 주셔서 감사합니다. 다케시타 씨의 '의협심'에 반했습니다.

모든 사람은 저마다 자기 주변에 인연의 실이 겹겹이 둘러쳐져 있다고 하는데, 이 인연은 제가 끌어당겼다기보다 오히려 누군가 끌어당겨 준 듯한 우연한 만남이라는 느낌입니다. 감사할 따름입니다.

또 디자이너인 하라다 에토 씨, 일러스트레이터 MONONOKE Inc.의 와타나베 안나 씨, 이 책에 멋진 꽃을 곁들여 주셔서 감사합니다. 무척 마음에 듭니다.

그리고 야마자키 아쓰코 선생님, 저와 인연이 되어 주셔서 감사합니다. 선생님의 '여성 침구사가 더 많이 활약하는 세상으로 만들고 싶다'라는 꿈이 이루어졌으면 합니다.

독자 여러분, 이 책을 끝까지 읽어 주셔서 감사합니다.

이 책이 여러분에게 어떻게든 도움이 되기를 그저 바랄 뿐입니다.

도리이 린코

옮긴이 원선미

동국대학교에서 신문방송학을 전공하고 홍보대행사에서 근무하며 여러 기업과 브랜드의 홍보를 담당했다. 직장에서 기업과 소비자를 잇는 글을 써오다가, 저자와 독자를 잇는 다리가 되어 좋은 책을 직접 소개하고 싶어 번역가가 되었다. 늘 설레는 마음으로 흥미로운 책을 찾고, 기획하고, 번역하고 있다. 역서로는 《항복론:성공을 위한 내려놓기》, 《가챠가챠의 경제학》, 《무기력한 사람을 위한 저속생활법》 등이 있다.

여자는 늘 어딘가가 아프다

초판 1쇄 발행   2025년 9월 30일

지은이   야마자키 아쓰코 · 도리이 린코
옮긴이   원선미
펴낸이   서재필

펴낸곳   마인드빌딩
출판등록   2018년 1월 11일 제 2024 - 000136 호
이메일   mindbuilders@naver.com

ISBN 979-11-994075-1-0 03180

· 책값은 뒤표지에 있습니다.
· 잘못된 책은 구입하신 곳에서 바꿔드립니다.
· AI 훈련을 목적으로 이 책을 사용하거나 복제할 수 없습니다.

> 마인드빌딩에서는 여러분의 투고 원고를 기다리고 있습니다. 출판하고 싶은 원고가 있는 분은 mindbuilders@naver.com으로 기획 의도와 간단한 개요를 연락처와 함께 보내주시기 바랍니다.